교실 속 작은 사회
경제교육
프로젝트

전인구 지음

테크빌교육

프롤로그

왜 경제교육을 해야 할까?

　어른이 되면 행복은 성적순이 아님을 깨닫게 된다. 분명 학창시절
에는 교과 공부를 열심히 하고 시험성적이 좋으면 좋은 대학에 가
고, 좋은 직장에 들어가고, 행복한 인생을 살 수 있다고 배웠는데 말
이다. 막상 사회에 나가보면 어릴 적에 배운 교과 지식들이 세상을
살아가는 데 그리 필요하지 않다는 것을 느끼게 된다. 반면에 학창
시절에 배우지 않지만 사회에 나가면 필요하다고 느끼는 것이 하나
있는데 바로 경제교육이다. 학교에서 경제 과목은 배우지만 돈에 대
한 개념과 돈을 어떻게 써야 하는지를 알려 주는 학교 교육은 없다.
　모든 아이들이 공부를 잘하고, 좋은 직장을 다니고, 안정적이고
걱정 없는 삶을 살게 된다면 더할 나위 없이 좋겠지만, 그렇지 않더
라도 일찍부터 경제를 공부하면 자신의 인생에 찾아오는 경제적 고

난은 피해갈 수 있을 것이라 생각했다. 그래서 소비를 부르는 미디어의 홍수 속에서 우리 아이들에게 절약과 저축을 통해 돈을 모으는 습관을 알려 주고 싶었다. 우리 아이들이 스스로 노후를 준비할 수 있는 어른으로 성장하길 바랄 뿐이다. 이것이 내가 교육자로서 아이들에게 해 줄 수 있는 일이고, 지금까지 해 왔던 일이다.

9살 꼬맹이들부터 19살 고등학생들한테까지 경제교육을 해 보면서 나의 경제교육 방법을 체계화했다는 생각이 들 때쯤, 벌써 10년이라는 세월이 지나 있었다. 이제는 여러 선생님들, 부모님들에게 필자가 학교에서 해 왔던 경제교육 방법에 대해 말할 수 있을 것 같다. 이 책에는 학교에서 또, 가정에서 경제교육을 할 수 있는 방법과 교과서에 나오는 필수 경제지식을 담았다. 아직 아이들은 경제교육의 필요성을 느끼지 못한다. 그래서 깊이 있고 어려운 내용보다는 쉽고 재미있는 내용으로 단순화하고, 수업, 학급경영, 프로젝트, 가정 등 다양한 환경에서 자연스럽게 경제교육을 할 수 있는지 고민한 방법들을 담아 보았다.

우리 아이들에게 사회가 어떻게 돌아가는지 알려 주어야겠다고 생각하고, 그 방법을 찾기 위해 이 책을 펼쳐 본 것만으로도 이미 훌륭한 선생님, 훌륭한 부모님이다. 독자 여러분에게 이 책이 작은 도움이 되길 바란다.

2019년 5월
전인구

차 례

3장 경제개념 완성하기 • 79

4장 경제교육 프로젝트 수업 • 145

1장

가르쳐 본 사람만 아는
경제교육의 장점

# 경제를 모르는 어른들

  성인들 중에는 학창시절에 제대로 된 경제를 배운 사람이 그리 많지 않을 것이다. 국가와 국가 간, 국가와 회사 간, 거기에 개인까지 얽힌 거시적인 관점에서의 경제는 물론 한 개인이 자산을 관리하는 미시적인 관점에서의 경제도 제대로 배우지 못 했거나 혹 배웠다 하더라도 입시를 위해 겉핥기식으로만 공부했을 가능성이 크다. 그런 사람들은 성인이 되어서도 제대로 된 경제를 알지 못하고, 자산관리에 어려움을 겪을 수 있다.

  사실 대부분의 직장인은 월급이 들어오자마자 카드값으로 빠져나가는 월급 로그아웃현상을 겪고 있으며, 대출의 무서움을 모르고 돈을 빌리다 신용이 나빠진 사람들도 수없이 많다. 직장 생활을 하면서도 막상 미래를 제대로 준비하지 못해 은퇴 이후의 삶이 막막한 사람들이 대다수이며, 수요조사 없이 자영업에 뛰어들었다가 본전도 못 찾고 나오는 사람도 셀 수 없이 많다. 이런 평범한 사례뿐만 아니라 주변에서 도박에 빠져 헤어나오지 못하는 사람 이야기나 주식으로 돈을 잃은 사람의 이야기가 심심치 않게 들려온다.

젊은 사람들은 대체로 이런 이야기가 남 일 같고, 와닿지 않는다. 그러나 막상 자신이 경제 위기를 겪게 되면, 왜 학교에서 경제를 제대로 알려 주지 않았는지 원망하게 된다. 물론 학교는 늘 사회에서 살아가는 법을 가르친다. 다만, 어른이 되어도 기억에 남을 정도로 강조하지 않을 뿐이다. 아이들이 자라서 학교를 원망하지 않도록 기억할 수 있게 경제교육을 해야 한다.

내가 가르친 사랑스러운 아이들이 어른이 되어서 힘든 인생을 산다면 마음이 아플 것이다. 조금 수고스럽더라도 경제교육을 강조한다면 이들이 사회에 나가서 열심히 일하고, 착실히 돈을 모아 작은 꿈들을 하나씩 이뤄가는 인생을 살 수 있지 않을까 하는 작은 기대를 해본다.

경제교육은 머리 아프다고 생각하는 사람들이 많다. 하지만 생존과도 연관이 있는 중요한 교육인데 이를 멀리하는 것은 안전벨트 없이 고속도로를 운전하는 인생과 같다. 나는 경제교육이 아이들을 부자로 만들어 줄 수 없을지 모르지만 가난하게 살지 않을 수 있는 최소한의 안전장치가 될 수는 있다고 믿는다.

경제는 삶과 직결되어 있기 때문에 경제교육은 아이들에게 많은 관심을 이끌어 낼 수 있고, 삶의 변화를 줄 수 있는 영향력이 있다. 수업을 더 재미있게 할 수 있고, 지역에 긍정적인 에너지를 불어넣어 줄 수도 있다. 내가 경제를 모른다고 아이들도 경제를 모르는 아이로 키우는 우를 범하지 말자. 교사든 부모든 내가 모르는 것을 안 가르치는 것은 어쩔 수 없는 일이 아니다. 우리 아이가 살아가는데 필요한 것을 가르쳐 주는 것이 교사와 부모가 해야 할 일이다.

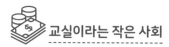

교실이라는 작은 사회

내가 학교에서 배운 것은 공부만이 아니었다. 원하든 원하지 않든 학교는 공부 외에도 많은 것을 배울 수 있는 곳이다. 초등학교 시절에는 선생님이 가르쳐 준 적이 없는데도 온갖 놀이를 빠르게 배웠고, 도덕 시간에 선생님께서 친구들과 어떻게 지내야 하는지 알려주지 않았어도 쉬는 시간에 친구들과 놀면서 스스로 어울리는 법을 익힐 수 있었다.

이 외에도 우리는 사회에서 필요한 것들을 이미 학교에서 배웠다. 학생이 수행평가를 잘 받기 위해 조별과제를 열심히 하는 동안 부모는 직장에서 인사고과를 잘 받기 위해 프로젝트에 밤을 지새우고, 학창시절에만 존재하는 줄 알았던 왕따 문제는 직장에도 존재한다. 교사가 가르치지 않아도 이미 아이들은 교실이라는 작은 사회에서 사회생활의 좋은 면과 나쁜 면을 두루 경험하고 흡수하고 있다. 아이들은 교실이라는 작은 사회에서 살아남기 위해 치열하게 생존싸움을 하고 있다. 이 아이들을 위해 교사는 무엇을 해 줄 수 있을까?

두 가지 방법이 있다. 첫째는 사회에서 살아가는 방식을 완벽히 차단하여 학교와 사회를 단절시키는 방법이다. 둘째는 아이들 수준에 맞춰 사회에서 살아가는 방법을 가르치는 것이다. 존 듀이는 실제에 가까운 수업이 가장 좋은 수업이라고 말했다. 나는 이 말에 깊이 공감하며 아이들에게 교실 안에서 작은 사회를 가르치겠다고 다짐하고 준비했다. 그리고 경제교육을 시작했다.

경제교육을 시작하며 아이들에게 경제개념을 알려 주고, 작은 사회 안에서 지켜야 할 규칙을 스스로 정하고, 실천하도록 했다. 1년 동안 교실 안에서 경제교육을 하면서 아이들은 자신이 얻고 싶은 것에 적극적으로 도전하고, 노력하면 성취할 수 있다는 자신감을 갖게 되었다. 타인을 시기하고 질투하기보다 자신이 잘할 수 있는 것을 찾고, 노력으로 극복하려는 자세를 갖게 된 점에서 나름대로 긍정적인 효과를 보았고, 보람을 느꼈다.

경제교육을 하며 아이들에게 체벌을 할 이유도 없었고, 규칙을 왜 지켜야 하는지 목 아프게 설명할 이유도 없어졌다. 가장 좋았던 효과는 교실 안에서 불공평한 대우를 받았다는 생각을 하는 학생이 없었다는 점이다. 힘든 일을 하거나 남을 도운 학생은 반드시 보상을 받을 수 있도록 시스템을 만들었다. 자신들이 스스로 만든 시스템 안에서 공평하게 보상을 받으니 불만이 생길 수가 없었다. 그리고 가장 중요한 포인트는 경제교육으로 아이들 스스로 건강한 사회를 만드는 법을 깨닫게 된다는 점이다.

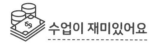

수업이 재미있어요

경제교육을 하고 나서 아이들은 수업이 재미있다는 이야기를 많이 하였다. 나는 "선생님이 잘 생겼어요.", "선생님이 따뜻하고 친절하고 좋아요."라는 말을 듣고 싶었는데 10년간 그런 말은 아무로도 들어 본 적이 없고, 가르쳤던 대부분의 아이들이 "선생님, 정말 재미있어요. 선생님 수업도 재미있어요."라고 한결같이 말하니, 경제교육이 수업을 재미있게 하는 것만은 확실한 것 같다.

경제교육이 수업을 재미있게 만드는 이유는 간단하다. '경제'라는 것 자체가 세상의 모든 것과 밀접하게 연관되어 있기 때문에 아이들과 어떤 수업을 해도 경제와 연관지어 해 줄 이야기가 많고, 살아있는 수업이 되기 때문이다. 또한 국어, 역사, 수학 등 다양한 과목과 연계하여 수업이 가능하다. 경제라는 주제로 교육과정을 재구성하면, 여러 교과와 융합시킬 수 있다. 프로젝트 수업 자체가 여러 교과의 지식을 필요로 하기 때문에 교과연계 수업이 가능한 경제를 주제로 삼으면 실제와 비슷한 프로젝트 수업을 할 수도 있고, 덤으로 재미도 느낄 수가 있다.

교사는 방학숙제를 내기도 쉽다. 나는 여름방학 숙제로 1학기에 배운 내용을 활용하여 만 원을 벌고, 그 과정을 써 보도록 했다. 일명 '만 원의 행복 프로젝트'였는데 아이들이 1학기에 배운 모든 과목과 지식을 활용해 세상 밖으로 나가 당당하게 돈을 벌어 보면서 다양한 체험과 감정을 느껴보는 활동이었다. 개학을 하고 '돈 벌기가 힘든 줄 몰랐다', '내 힘으로 돈을 벌어 보니 자신감이 생겼다', '수업시간에 더 열심히 참여해야겠다' 등 체험담을 늘어놓는 아이들의 표정에는 즐거움과 성숙함이 느껴졌다.

생각에 변화를 느끼는 아이들을 보면서, 교사인 나도 즐거움과 보람을 느꼈다. 기왕에 하는 수업이지만 재미있고 유익하게 준비한다면 아이들이 재미있어하고, 교사도 보람을 느끼니 모두 학교 가는 일이 즐겁고, 학교가 긍정적인 장소로 기억될 테니 말이다. 즐거운 학교에 모여서 다음에는 어떤 수업을 할지 교사와 아이들이 이야기를 나누면 오늘도 즐거웠던 학교가 내일도 즐거워진다.

우리 반은 공평해요

모든 교사가 그렇겠지만 특히, 초등에서는 많은 교사가 학급운영에 스트레스를 받는다. 학생들 자리 배치부터 고민이 시작된다. 누구를 앞자리에 앉히고, 짝꿍을 어떻게 정해줄까 고민하던 끝에 가장 공평한 방법이라고 생각해서 자리를 정해줘도 돌아오는 것은 아이들의 불만뿐이다. 선생님이 얼마나 신경 써서 배치해 준 자리인데 아이들의 불만을 듣고는 마음이 상한다. 그렇다고 아이들이 원하는 자리에 마음대로 앉으라고 하면 싸움터가 될 것이 뻔하다. 앉고 싶은 친구들끼리 앉으면 분명 소외되는 아이가 생기기 마련이다. 그러니 교사도 어쩔 수 없이 아이들에게 화를 내거나 권위를 내세울 수밖에 없다.

하지만 교사의 권위로만 학급을 운영한다면 아이들은 불공평하다고 느낄 것이다. 이는 청소 역할을 나눌 때도 마찬가지다. 분명 쉬운 일과 어렵고 힘든 일이 존재하고 이를 정확히 나눌 수는 없다. 이런 일들을 해결하기 위해 여러 학급운영 방안이 있겠으나 나는 주로 경제적으로 접근하여 해결했다.

청소 역할을 노동으로, 자리 배치를 소비로 접근한다. 힘든 노동을 한 사람이 가장 큰 소비를 누릴 수 있는 권리를 갖는 것이 옳고, 합리적이다. 이는 아이들도 동의할 수밖에 없다. 그래서 스스로 청소 역할을 정하고, 힘든 일을 한 만큼 원하는 자리에 앉을 수 있는 시스템을 만들었다. 자리 배치에 큰 욕구가 없는 학생은 편한 일을 하면 되고, 원하는 자리가 있는 학생은 힘들지만 어려운 청소 역할을 맡는다.

이런 경제 시스템을 구축함으로써 아이들의 불만이 사라졌다. 스스로 선택하고 노력한 만큼 대가를 얻기 때문에 불만이 생기지 않는다. 하나를 택하면 하나를 포기해야 하기에 자신의 선택에 따라 결과가 달라진다는 것을 어린 나이부터 깨달을 수 있는 것이다.

그래서 우리 반 아이들은 종종 나에게 일을 더 달라거나, 다른 친구의 일을 대신 하겠다는 제안을 하곤 한다. 교사가 시키기 전에 스스로 일을 하겠다고 찾아오는 아이들을 보면서 벌써부터 노동의 가치를 이해한 아이들이 대견스러워 보였다. 열심히 일한 만큼 누릴 수 있다는 개미와 배짱이의 교훈을 우리 반 아이들은 몸소 실천하며 느끼고 있다.

인내하는 습관

《마시멜로 이야기》라는 책을 보면, 한 아이씩 불러서 지금 당장 마시멜로 한 개를 먹을 것인지 참았다가 나중에 마시멜로 두 개를 먹을 것인지 선택하게 한 실험이 나온다. 지금 한 개 먹고 싶은 걸 참았다가 나중에 두 개를 받겠다고 한 아이들은 어른이 돼서 성공했다는 사례를 보여 주며, 행복 열매를 지금 따먹지 말고, 조금 더 키워서 나중에 더 큰 열매를 따자는 내용을 담은 책이었다. 아이들에게 좋은 경제 습관을 만들어 줄 수 있는 내용이라 감명 깊게 읽었었다. 그래서 우리 반 아이들도《마시멜로 이야기》처럼 지금의 열매를 참고 더 키워서 큰 열매를 만드는 습관을 들이도록 다양한 활동을 시도했다.

우리 반은 일을 하면 보상으로 월급인 칭찬 점수를 받고, 이를 자유롭게 소비할 수 있다. 일에 대한 보상으로 칭찬 점수를 받으면 처음에는 바로 좋은 자리를 앉는데 쓰거나 선물로 교환하는 경우가 많다. 그러나 경제교육이 진행될수록 칭찬 점수를 최대한 아끼고 저축해서 늘리는 아이들이 많아졌다. 아이들의 마음가짐이 바뀌고 소비습관으로 나타난 것이다.

아이들이 당장 쓸 수 있는 달콤한 보상을 참는 것은 매우 어려운 일이다. 그것도 선택권이 자신에게 주어졌을 때 스스로를 절제하며 더 큰 보상으로 늘린다는 것이 얼마나 어려운지는 어른들도 충분히 알고 있다. 그런데 누가 시키지도 않았는데 이렇게 인내하는 습관을 가진 아이들이 늘었다는 것은 매우 놀라운 일이었다.

처음에는 보상에 대해서 인내하던 아이들이 절제하는 습관을 가지면서 감정과 행동조절 능력에 변화를 보였다. 요즘 아이들은 절제력이 부족하다. 화를 참지 못하고, 소리를 지르는 아이들이 많고, 갖고 싶은 것을 사달라고 떼를 쓰고, 가만히 앉아 있는 것을 힘들어하는 아이들이 많아졌다. 그런 아이들이 절제하는 습관을 가지면서 자신의 감정과 충동적인 행동을 억제하는 데에도 확장되는 모습을 볼 때면 경제교육이 다방면으로 효과가 있다는 것을 알 수 있었다.

그래서 '강낭콩 키우기 대회'를 통해 경제교육과 학교폭력예방 프로그램과 보상훈련을 병행해 보았다. 아이들에게 작은 화분과 강낭콩 3알씩 주고, 3월부터 7월 방학식까지 누가 가장 키가 큰 강낭콩을 키우는지 대회를 열었다. 우승자에게는 칭찬 점수를 많이 주기로 했다. 강낭콩에 이름을 지어 주고, 칭찬이 담긴 긍정적인 말을 해 주면 훨씬 잘 자란다는 영상을 보여 주며, 주기적으로 꾸준히 물을 주고, 줄기가 꺾이지 않고 햇볕을 골고루 받을 수 있도록 일주일마다 화분을 돌려주어야 한다고 알려 주며 아이들이 강낭콩에 애정을 갖게 한다. 그리고 강낭콩이 잘 자라게 하는 영양제를 칭찬 점수 3점과 교환해 주었다. 자기 분신과 같은 강낭콩이 다른 친구들 것보다 더 잘 자랐으면 하는 마음에서 아이들은 열심히 일해서 강낭콩에게 비싼 영양제를 넣어 준다.

신기하게도 학기 초에는 다툼이 잦았던 아이들도 한 학기 동안 경제교육과 연계한 다양한 수업을 하면서 많이 차분해졌다. 이런 덕분인지 고학년을 주로 맡았음에도 불구하고 아직 우리 반은 학교폭력이 벌어진 적이 한 번도 없었다.

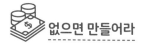

없으면 만들어라

보통 1인 1역을 정할 때는 교사의 생각이 많이 작용한다. 어떤 일이 필요한지, 그리고 누가 그 일을 할 것인지를 절대 권력자인 선생님이 계획하고 정하는 경우가 많다. 그런데 막상 시간이 지나고 보면 미처 생각지 못한 역할이 필요한 경우가 생긴다. 교사가 눈치 채고, 새로운 역할을 부여할 수도 있지만 보통 그런 일은 교사의 눈에는 보이지 않는다. 그래서 나는 아이들이 스스로 문제를 찾고, 그 역할에 도전하게 함으로써 주권의식을 키워주고 있다.

그래서인지 우리 반에는 칭찬 점수를 입력하는 은행장, 그리고 은행장과 상호견제를 이루는 부은행장, 서로의 역할을 잘 수행하고 있는지 확인하고 검사하는 3인의 감사원, 어느 일이든지 급할 때 나타나서 도와주는 특공대 등 다양한 역할이 있다. 그 외에도 아이들이 제안한 기발한 역할이 많다. 어느 날 한 아이가 찾아와서 우리 반 아이들 중에 우유를 먹지 않고 교실에 버리고 가는 아이들이 있다며 우유에 이름을 쓰는 역할을 하고 싶다고 말했다. 그 아이의 의견을 적극 수용하되 매일 이름을 쓰는 수고를 덜어 주고 싶어서 우유 먹는 아이들 이름을 적은 라벨스티커를 인쇄해 주었다. 우유에 이름을 붙이는 역할이 새로 생겼고, 우리 반에는 우유를 먹지 않는 아이가 사라졌다.

우리 반에 물건을 만드는 손재주가 매우 뛰어난 학생이 있었다. 별명이 장영실이었는데, 이 아이와 대화를 통해 과학자라는 역할을 만들었다. 우리 반에 필요한 물건을 만들어 주는 역할인데, 이 아이가 학교 축제 때 낚싯대와 인형에 각각 자석을 붙여 '인형낚시 프로그램'을 만들었다. 우리 반 인형낚시는 축제에서 가장 인기가 많았다. 사진을 잘 찍는 아이는 사진사라는 역할을 해 보고 싶다고 제안했다. 일 년 동안 우리 반 아이들의 모습을 찍은 사진으로 학년 말에 영상을 만들고, 사진을 편집하여 아이들에게 각자의 모습을 담은 CD를 선물로 줄 수 있었고, 머그컵에 한 명씩 사진을 인쇄하여 선물로 나누어 주기도 했다. 사진사 역할을 한 아이 덕분에 우리 반 아이들은 일 년을 좋은 추억으로 남길 수 있었다.

만약 이런 다양한 재주를 가진 아이들이 스스로 역할을 제안하지 않았다면 선생님의 힘으로 혼자서 반을 다채롭게 이끌어 가기 어려웠을 것이다. 물론 아이들이 스스로 생각하고, 제안하고, 도전해 볼수 있도록 허용적인 분위기를 만들어 주려고 교사도 많은 노력을 해야 했다.

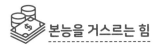

본능을 거스르는 힘

경제교육에는 많은 장점이 있는데 그중 하나가 아이들이 빨리 합리적인 사고를 하게 된다는 것이다. 아이들이 여러 가지 선택지를 고민하고, 결정하는 모습을 보면 자신의 수준을 넘어서고 있음을 느끼게 된다. 아이들은 일반적으로 본능적 사고를 한다. 먹는 것과 노는 것을 제일로 치고, 이를 중심으로 판단을 내리니 어른들이 원하는 행동을 보기 어려울 수밖에 없다. 그러나 경제교육을 통해 스스로 결정을 내려 본 아이들은 무언가를 선택하기 전에 좀 더 생각해 보고, 합리적인 판단을 하는 경우가 많다.

경제교육의 어떤 면이 아이들의 합리적 사고를 길러 주는 것일까? A를 선택하면 B를 잃고, B를 선택하면 A를 잃는 기회비용의 경험이 합리적 사고의 기반이 된다. 예를 들어 용돈으로 1,000원을 받은 아이들이 편의점으로 달려간다. 음료수를 사 먹으면 초콜릿을 살 수가 없고, 초콜릿을 사 먹으면 음료수를 마실 수가 없다. 이것이 기회비용이다. 기회비용을 시간의 개념으로 넓혀 볼 수도 있다. 수업이 끝나고 친구들이랑 놀이터에서 놀면 즐거움을 얻겠지만 숙제를 할 시간을 놓쳐서 밤 늦게까지 숙제를 해야 하고, 숙제를 하면 밤에 TV를 볼 수 있겠지만 당장 친구들과 즐거운 시간을 포기해야 한다.

아이들은 생활 속에서 이미 기회비용에 대해 많이 경험한다. 아이들에게 기회비용의 개념을 설명해 주고, 친구들과 나라면 어떤 선택을 할 것인지, 그 이유는 무엇인지 이야기를 나누는 수업을 진행해 보면 좀 더 현명한 선택을 하기 위해 고민하는 아이들의 모습을 볼 수 있을 것이다. 또한 자신의 판단과 선택에 책임감을 가질 줄 알게 된다.

그 외에도 다양한 활동을 통해 합리적인 사고를 길러 주고 있다. 역할을 통해 칭찬 점수를 받으면서 왜 일을 해야 하는지, 어떤 일을 할 때 내가 친구들보다 경쟁력이 있는지 생각해 볼 수 있고, 앞으로 어른이 되면 좋아하는 일을 직업으로 택할지, 잘할 수 있는 일을 직업으로 택할지 고민해 볼 수도 있다. 또한 절약을 하면 참기 어렵지만 앞으로 어떤 혜택이 기다리고 있는지 생각하는 습관을 기르게 된다면, 어떤 일이 생겨도 참는 것에 대해 적응하고 기다릴 수 있게 된다.

실제로 경제교육을 시작하기 전에 아이들이 이기적으로 변하지 않을지 우려하는 선생님들이 있었는데 전혀 그렇지 않았다. 아이들의 이기적인 모습은 본능적으로 사고를 할 때 나타난다. 아이들이 합리적으로 생각할 수 있다면, 고차원적인 사고가 가능해진 것이다. '왜?'라는 질문과 '어떻게 될까?'라는 추측은 서로를 배려하고, 팀워크를 다져 주는 아이로 만들어 준다. 친구들을 설득할 때 자신의 욕심을 앞세우지 않고, 공동의 목표를 제시하고, 타당한 이유를 들어 친구들과 힘을 하나로 합친다. 이것이 경제교육이 아이들에게 주는 선물이다.

2장

경제개념 만들기

계획: 돈을 왜 모아야 하는지 어떻게 가르쳐야 할까?

아이들은 본능적으로 재미있는 일을 좋아한다. 그렇다면 돈을 쓰는 일과 돈을 모으는 일 중 무엇이 더 재미있을까? 너무 당연한 질문이겠지만, 조금 더 성숙한 사고를 하는 어른은 물론, 아이들도 당연히 돈을 쓰는 것을 더 재미있어 한다. 돈을 쓰는 재미가 훨씬 큰데, 어떻게 하면 돈을 모으도록 가르칠 수 있을까? 어른이나 아이나 본능을 역행하는 일은 생각보다 쉽지 않다. 먹고 싶은 욕구만 참으면 성공할 수 있는 다이어트에 계속 실패하는 이유는 무엇일까? 식욕이 인간이 가진 욕구에서 가장 우선하기 때문이다. 돈을 쓰는 소비욕구는 식욕보다는 우선하지 않지만 상당히 강한 욕구 중 하나이다. 그래서인지 스트레스를 받으면 먹거나, 쇼핑을 하며 돈을 쓰는 사람이 많다.

　나는 때로 어른에게도 어려운 일을 아이들에게 가르치고, 실천하라고 하는 것은 불가능한 일이 아닐까 하는 생각을 할 때가 있다. 하지만 기본 욕구를 이겨 내고 고차원적인 욕구를 성취해 내는 인간의 고귀함을 믿고, 아이들에게 절약과 저축을 가르치고 있다. 아이들에게 절약과 저축을 가르치기 위해서 돈을 쓰고 싶은 욕구와 먹고 싶은 욕구를 그대로 활용하는 것도 괜찮은 방법이다. 아이들의 욕구를 꺾으려 하지 말고 그 힘을 이용하면 인내심으로 변환시킬 수 있다.

　저축을 하려면 우선 목표가 있어야 한다. 그런데 아이들에게 앞으로 중학교나 고등학교에 갈 때 교복을 사거나, 대학 등록금에 보태기 위해 저축을 해 보자고 말하면 동기부여가 되지 않는다. 돈을 모아야겠다는 의지를 심어 주려면 아이들이 공감할 수 있는 작은 것부터 시작해 보자.

　절약해서 얼마를 모으면 그 돈을 보태어 놀이동산에 데려가겠다고 하거나, 목표를 더 낮게 잡아서 만 원을 모으면 그 돈으로 케이크를 사 주겠다는 등 아이들의 시각적, 미각적인 욕구를 최대한 자극하여 저축하는 연습을 시켜보는 것이다. 당장 편의점으로 가서 아이스크림을 사 먹고 싶어도 놀이동산과 케이크라는 강력한 동기부여가 있다면 그 정도는 충분히 참을 수 있게 된다. 군것질을 참는 연습이 되면, 나중에는 점점 더 큰 유혹을 견디는 법을 익히게 된다.

　어느 정도 견뎌 내는 데 익숙해지면 목표를 조금 더 높여 보자. 5만 원짜리 목표를 성취했다면 다음에는 10만 원짜리 목표를 제시해 보자. 목표 금액이 높아질수록 드론, 콘서트 티켓, 자전거, 킥보드 등 아이들이 좋아할 만한 것은 더 많이 있다. 이렇게 저축액의 단위를 조금씩 높여가면서 스스로 돈을 모으는 습관을 들이게 하면 나중에는 알아서 목표를 정하고 절약할 수 있게 된다. 그때는 선생님이나 부모님이 더 이상 관여하지 않아도 된다. 가끔씩 어떤 목표를 세웠는지, 그 과정이 힘들지는 않은지 살펴보고, 저축하는 모습을 응원해 주면 아이들은 쉽게 포기하지 않는다.

어려운 상황에서도 힘들지만 포기하지 않는 연습은 인생을 살아가는 데 있어서 가장 중요한 경험이다. 어려운 수학문제를 만나도 포기하지 않고 끝까지 해결하려는 친구와 수학 자체를 포기해 버리는 친구 중 누가 좋은 결과를 얻을 수 있는지 말하지 않아도 우리는 안다. 더 나아가서 사회생활을 할 때 힘든 상사, 힘든 업무를 견디는 사람과 견디지 못하는 사람의 인생은 더욱 차이날 것이다.

준비: 용돈 기입장을 사 주자

용돈 기입장을 써 보면 어떤 느낌이 먼저 들까? 긍정적인 말을 먼저 해 주고 싶지만 실제로는 양치를 하는 것만큼 귀찮은 일이다. 하루를 마무리하면서 용돈 기입장을 쓸까? 말까? 고민하다가 그냥 잠든 적이 많을 것이다. 하루가 밀리면 또 하루가 밀리고, 그러다가 책장 어딘가에 깊숙이 꽂아 놓고 잊어버리는 것이 용돈 기입장이다.

그래서 자발적으로 용돈 기입장을 쓰기 시작하면 많이 실패한다. 기본적으로 사람은 귀찮은 것을 피하려고 하기 때문이다. 약간의 인위적인 무언가가 필요한데 학교에서는 용돈 기입장을 일주일간 안 빠지고 모두 작성했을 경우 칭찬 점수를 주고, 가정에서는 약간의 용돈을 준다면 안 쓰려던 용돈 기입장을 꼼꼼하게 쓰게 할 수 있을 것이다. 보상을 할 때는 일주일 단위로 주기적으로 주는 것도 좋지만, 기간과 보상 금액을 불특정하게 설정하면 보상 효과가 더 크다. 예를 들어 열흘 뒤에 검사를 하면서 "이번에는 정말 꼼꼼하게 잘 썼구나, 훌륭해."라고 말하며 칭찬 점수 2점을 준다면 아이들에게는 언제 검사를 할지 모르니 매일 써야겠다는 생각, 기계적으로 쓰지 말고, 꼼꼼하게 작성해야겠다는 내적 동기, 보상이 1점이 될지 2점이 될지 모른다는 기대감이 상호작용하면서 용돈 기입장을 꾸준히 쓰는 아이로 만들어 준다.

용돈 기입장의 형태도 매우 중요하다. 너무 복잡하게 항목이 많은 것보다는 내용 / 지출액 / 수입액 / 잔액만 적을 수 있도록 간단하게 구성된 것이 좋다. 번잡스러우면 나중에 쓸 것도 많아지고 귀찮아지기 때문이다. 대신 용돈 기입장은 좋은 것이 낫다. 디자인이 예쁘고, 고급스러우면 좀 더 소중하게 여기는 마음이 생기기 때문이다. 만약 일기와 같이 사용한다면 일기장과 용돈 기입장이 합쳐진 것을 사용하거나 만들면 된다. 그러면 일기와 용돈 기입장을 한 번에 끝내니 귀찮음이 덜해진다.

6학년 실과에는 용돈관리라는 과목이 있어서 나는 아예 우리 반 용돈 기입장을 만들어 주었다. 혼자만 하는 것이 아니라 반 학생이 모두 다 같이 하면 포기하지 않고 같이 할 수 있게 된다. 군인들을 훈련시킬 때, 오래달리기를 꼭 시키는데 혼자 달리면 절대 못 달릴 거리를 같이 발맞춰서 뛰면 말도 안 되는 속도로 끝까지 달릴 수 있게 된다. 그만큼 혼자 하는 것보다 같이 하면 더 잘 견뎌 낼 수 있다.

용돈관리와 교과 수업을 연계할 수도 있다. KDI에서 개발한 초등학생용 용돈관리 프로젝트 수업 교재가 있다. 국어, 수학과 용돈관리 수업을 재구성해서 프로젝트로 만들었는데 아이들이 가상 인물의 소비습관을 분석해 보고, 문제점을 찾아 편지를 써서 올바른 방향으로 갈 수 있도록 발표하는 수업이다. 아이들이 쉽게 몰입할 수 있도록 홈페이지에서 영상메시지와 교재 파일을 다운받아 활용할 수 있다. 이 수업을 한 뒤에 용돈 기입장을 나누어 주고, 용돈관리를 하게 하면 아이들이 좀 더 고차원적으로 용돈을 관리하게 된다.

◆ 지현이의 소비는 어떻게 이뤄지고 있나요? 지현이의 소비 유형을 분석해 봅시다.

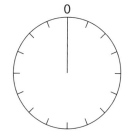

소비항목	금액	비율(%)
식품	원	%
문구류	원	%
패션, 뷰티	원	%
문화	원	%
교통, 통신	원	%
기타	원	%
합계	원	100%

그림 2-1. 소비유형 분석하기(예시)

아이들의 관심사인 용돈 소비와 국어, 수학 수업이 연계가 되면서 아이들의 몰입도와 흥미도가 높았고, 앞으로 용돈관리를 어떻게 해야 할지 프로젝트 수업을 통해서 아이들이 깨닫는 바가 컸다. 그래서 학교에서 용돈관리 수업을 하는 것을 추천한다. 가정에서는 아이들이 용돈관리를 해 볼 수 있도록 적당한 수준의 용돈을 주며, 잘 관리하고 있는지 확인해 주는 것이 좋다.

💰 저축: 재미있게 저금하기

난 어릴 적에 저축을 하는 것이 재미있었다. 300원이 생겨도 은행에 가고, 세뱃돈을 두둑이 받아도 은행에 가서 저축을 했다. 이자가 얼마 되지도 않았을 텐데 이자가 생기는 것도 신기했고, 그보다 저축을 하면 통장에 숫자가 늘어나는 것이 정말 좋았다. 돈이 늘어나면서 꿈도 조금씩 커져 가는 느낌이 들었다.

요새는 저축을 하는 아이들을 보기가 어렵다. 예전에는 학교에서 의무적으로 통장을 개설하도록 하여 다 같이 저축을 하고는 했었는데 이제는 단체로 저축하는 문화가 사라지다 보니 저축하는 아이들을 보기가 어려워졌다. 부모님이 대신 해 준다는 아이들도 있는데 그 재미있는 일을 왜 아이들이 직접 하지 못하게 했는지 궁금하다. 내 저축을 누군가가 대신 해 주는 것은 저축하는 습관을 들이는 데 전혀 도움이 되지 못한다. 내가 직접 은행에 가서 입금을 하고, 통장에 늘어나는 숫자를 봐야 저축이 재미있어지고, 습관이 들게 된다.

저축을 재미있게 하려면 무언가 색다른 것이 있어야 한다. 평범하게 저축하라는 말과 통장을 쥐어 주는 것은 그다지 매력적이지 않은 방법이다. 가장 기본적인 방법은 저축통장에 이름을 짓는 것이다. 어른들도 자신이 하고 싶은 소망을 담아 통장에 이름을 적는다. 예를 들어 여행통장, 자동차통장, 전세통장 등 목돈을 모으기 위해 의지가 필요할 때 이렇게 이름을 적어서 통장을 만들면 해지가 어렵다. 그래서 통장에 이름을 지으면 성취해 낼 확률이 꽤 높아진다.

우리 아이들에게도 통장에 이름을 지어 주자. 아이들이 갖고 싶은 것, 하고 싶은 것을 고민해 보도록 하고 통장마다 이름을 지어 주는 것이다. 장난감통장, 놀이공원통장, 케이크통장 등 자신이 원하는 소망을 적은 통장을 만들어 준다.

그러면 이제 용돈을 받을 때마다 아이는 자신이 원하는 통장 중에서 자유롭게 골라 저축을 하게 된다. 보통 자신이 하고 싶은 것 중에서 가장 욕구가 강한 것에 먼저 저축하게 된다. 어떤 아이들은 통장마다 골고루 저축하는 경우도 있긴 하다. 이러든 저러든 상관없다. 저축을 하는 함정(?)에 빠졌기 때문이다. 함정이라고 한 이유는 심리학적으로 저축에 빠져들었기 때문이다. 장사를 하는 사람들이 많이 사용하는 방법인데 휴대폰을 당장 살 생각이 없는 고객에게 "휴대폰을 보러 오셨어요?"라는 뻔한 말보다는 "A기종, B기종 중에서 어떤 것을 보러 오셨어요?"라고 말하면 휴대폰을 산다는 범위 내에서 A와 B를 선택하게 만드는 화법이다. 식당에 들어온 고객에게 메뉴판부터 먼저 주어 고객이 다시 나가지 않고 메뉴판 안에서 결정하도록 만드는 것도 같은 원리이다.

어쨌든 우리는 교육적 목적을 위해서 저축이라는 범위 내에 어떤 것을 선택하든지 자유라고 풀어 준다. 아이는 자신의 자유의사를 가지고 선택한다고 생각하겠지만 어쨌든 저축이라는 범위 안에서 열심히 저축을 하게 되는 효과이다. 이를 '한정적 자유'라고 하는데 본인이 자유롭다고 느끼게 해 주는 것이 중요하다.

저축을 재미있게 하려면 은행을 방문하는 것도 좋은 교육이 된다. 은행에 찾아가서 은행은 어떤 일을 하는지 보고, 통장을 만들어 보거나 가져와서 저축을 해 보면 의외로 저축의 재미를 느낄 수도 있다. 기계에 통장을 넣고 입금하는 것보다 사람과 이야기를 나누면서 입금하는 것은 완전히 다른 느낌을 준다.

은행을 방문하는 것이 번거롭다면 은행을 학교로 초대하는 방법도 있다. 금융감독원 홈페이지(www.fss.or.kr)에서 1사 1교 결연 신청을 하면 학교와 가장 가까운 은행과 결연을 맺을 수 있다. 그러면 그 은행에서 우리 학교로 와서 직접 금융교육을 해 주고, 이벤트를 해 줄 수도 있다. 6학년을 맡았을 때, 마침 실과의 용돈관리 수업이 있어 은행원들이 교실로 와서 왜 돈을 모아야 하는지 저축을 어떻게 하면 좋은지 교육을 해 주었다. 선생님이 백 번 말하는 것보다 전문가가 한 번 와서 말해 주는 것이 더 인상이 깊었는지 그 날 이후로 우리 아이들이 통장을 꽤 만들었다. 덕분에 우수학교가 돼서 여러 혜택을 받았는데, 찾아오는 은행버스(은행의 기능을 가진 버스)

가 우리 학교로 방문해서 아이들이 굳이 은행에 찾아가지 않아도 은행 체험을 해 볼 수 있었다. 그리고 금융 뮤지컬 공연을 지원받아서 강당에서 뮤지컬도 보고, 금융교육도 받는 1석 2조의 효과를 누렸다. 단지 홈페이지에 들어가서 클릭 한 번 했을 뿐인데 비용을 들이지 않고, 전문가로부터 많은 도움을 받을 수 있었다.

그림 2-2. 금융교육   그림 2-3. 찾아오는 은행버스 그림 2-4. 금융 뮤지컬 공연

$ 놀이: 놀면서 경제개념 익히기

경제교육을 자연스럽게 하는 가장 좋은 방법은 놀이이다. 놀면서 배운다면 아이들이 공부인지도 모르고 재미있게 경제에 대해서 배우게 된다. 다양한 놀이가 있는데 가장 지도하기 편한 방법은 보드게임이다. 4명 정도로 팀을 이루어 하나의 보드게임을 하도록 하는데 처음에 규칙을 한 번 알려 주고 나면 이후에는 알아서 잘하기 때문이다.

그렇다고 아이들을 그대로 방치하면 교육이 일어나지 않는다. 보드게임을 하는 중간에 찾아가서 아이들의 행동을 찾고, 왜 그런 선택을 했는지 물어봐 주는 것이 중요하다. 어떤 이유로 그 선택을 했는지, 혹시 더 좋은 선택은 있지 않았는지 등을 이야기해 보면 좀 더 나은 경제적 선택을 할 수 있다.

놀이가 끝나고 나면 전략을 공유하는 시간을 갖는다. "이 놀이를 잘하려면 어떤 전략을 써야 할까?"라고 선생님이 질문하면 전략을 갖고 있는 학생은 자랑스럽게 말을 할 것이다. 그 전략이 경제개념의 어떤 원리에 해당하는지 설명하고, 전략을 잘 알고 있다며 칭찬해 주면서 다른 아이들도 전략과 경제개념에 대해 이해할 수 있도록 도와주면 된다.

> 학생1: 선생님, 너무 재미있어요. 우리 한 번만 더 해요!
> 교사: 음. 다음 시간은 수학시간인데….
> 학생2: 보드게임 너무 하고 싶어요. 조금만 더 해요. 네?
> 교사: 그럴까?(그래. 돈 아까워서라도 조금만 더 하자.)

이런 우를 범하지는 말자. 보드게임을 구매한 비용이 아깝다고, 또 아이들이 재미있다고 졸라서 계속 보드게임을 가지고 놀게 하는 것은 좋지 않다. 우리가 보드게임을 한 것은 경제개념을 놀이를 통해 익히기 위해서다. 경제개념을 익혔다면 놀이로서의 역할을 다 한 것이다. 그렇다고 아이들이 좋아하는데 딱 잘라서 끊기도 어렵다는 선생님들이 있다.

그럴 때를 대비해서 보드게임을 한 종류로 준비하지 말고, 모둠별로 각기 다른 게임을 구입하면 된다. 한 반에 여섯 모둠이라면 여섯 종류의 보드게임을 구입해서 한 번씩 돌려서 해 보는 것이다. 그러면 아이들도 지루해하지 않고, 여섯 가지의 경제개념을 익힐 수 있으니 교사도 만족스럽다. 그래서 보드게임을 구입할 때, 어떤 경제개념을 담고 있는지 알아야 한다. 무턱대고 인기 있는 보드게임을 구입하다 보면 결국 동일한 경제개념을 가르쳐 주는 놀이만 잔뜩 사게 될 수도 있다.

나는 개인적으로 부르마블 같은 시간과 돈의 관계를 다루는 놀이를 좋아한다. 시간이 돈이고, 돈이 시간이라는 개념을 이해하는 사람은 많지 않다. 우리가 살아가는 시간이 길기 때문에 시간이 흐를수록 돈이 불어난다는 개념을 느끼기가 어렵다. 그런데 부르마블은 한 사람의 인생을 1시간으로 압축시킬 수 있다. 시작점에서 한 바퀴, 두 바퀴 돌면서 1년, 2년이라는 세월이 흘러간다. 그 과정에서 가지고 있던 돈과 자산이 불어나는 경험을 하게 된다. 초등학생들은 이러한 경험을 오직 놀이를 통해서만 느낄 수 있다.

부르마블 외에도 주식, 환율, 경매, 부동산, 용돈관리 등 여러 경제개념을 익힐 수 있다. 교사가 생각한 경제개념보다 종류가 부족하다면 드림스텝 같은 직업과 관련된 보드게임도 괜찮다. 직업도 하나의 경제 활동이다. 어떤 직업을 가지느냐에 따라 경제에 대한 접근이 달라질 수 있기 때문이다.

보드게임은 언제 해야할까? 한 게임을 제대로 하려면 최소한 한 시간은 필요하다. 그런데 초등학교의 수업시간은 40분이다. 아이들이 본격적으로 놀이를 시작하기 전에 10~20분 정도 준비한다는 상황을 고려하면 최소 2교시가 연속으로 필요하다. 개인적으로는 3, 4교시를 선호한다. 1, 2교시는 아이들이 학교에 오자마자 가장 집중력이 좋을 때라 국어, 수학 등 머리를 쓰는 활동을 하고, 집중력이 떨어진 3, 4교시에 환기삼아 보드게임을 하면 점심시간 이후 오후 수업에도 아이들이 다시 에너지가 넘치기 때문이다. 그러면 얼씨구나 하면서 다시 5, 6교시에 공부를 한다.

시기적으로는 여름이 좋다. 여름에는 더운 날씨 탓에 운동장에서 수업을 하기도 어렵고, 아이들의 집중력이 많이 떨어진다. 시원한 실내에서 잠시 머리를 식힐 겸 보드게임으로 수업을 하는 것도 아이들의 스트레스를 줄여 주는 방법이 될 수 있다. 반대로 밖이 추워 나가서 놀 수가 없는 겨울에도 괜찮다. 학년 말에 교과서 진도를 끝내고, 특색 있는 교육을 하는 시간으로 활용하면 아이들도 좋아한다.

학년 말에 영화 수업을 해도 좋다. 경제 관련 영화도 많은데 초등학생이 이해하긴 어렵고, 중·고등학생에게는 추천한다. 영화 수업을 할 때는 사전에 아무런 준비없이 영상만 틀어 주면 안 된다. 교사가 영화의 내용을 해설할 수 있을 만한 경제지식을 미리 공부하고 아이들에게 보여 줘야 한다. 어떤 활동이든 교사가 '아나공'식으로 방치해서는 교육적 효과가 낮게 나타난다. 모든 소재가 교육으로 쓰일 수 있지만 이를 어떻게 가공해서 던져 주는지가 교사의 전문성이다.

📢 가정에서 하는 경제교육

　자녀에게 컴퓨터게임 대신에 보드게임을 알려 주는 것은 어떨까요? 같은 게임 아니냐고 생각할 수도 있지만 보드게임은 교육적으로도 많이 활용되고 있습니다. 창의력, 문제해결력, 사고력, 협동심을 키워줄 수 있습니다. 또한 친구들과 같이 하는 보드게임은 건전한 청소년 문화를 유도할 수도 있습니다. 보드게임에 따라 전략을 다르게 세워야 하기 때문에 절대 고수도 존재하지 않습니다. 머리를 많이 써야 하는 것도 있고, 운이 더 많이 작용하는 놀이도 있죠. 또, 같이 하는 놀이기 때문에 친구를 사귀기에도 좋습니다.

　부모님과 함께 보드게임을 해 보는 것도 자녀와의 대화를 늘리는데 많은 도움이 됩니다. 컴퓨터게임을 하면 부모와 대화시간이 주어질 수가 없겠죠. 어떤 보드게임들은 부모와 자녀가 한 팀을 이루어 참가하는 대회를 열고도 있으니 자녀와 한번 대회에 나가보는 것은 어떨까요?

💰 환율: 환율놀이 해 보기

　놀이로 경제개념을 가르쳐 주는 활동은 언제나 재미있다. 어려운 개념을 놀이로 쉽게 이해할 수 있어서 좋은데 그중 환율놀이와 무역놀이가 대표적이다. 환율놀이는 각 나라마다 달라지는 환율에 따라서 내가 가진 돈의 가치가 어떻게 변하는지 경험해 보는 놀이다.

〈환율놀이 단계〉

1. 여러 나라의 돈을 모둠별로 골고루 나눠 받는다.

2. 5분 단위로 선생님이 변동된 환율을 칠판에 적는다.

3. 다른 모둠에 가서 환전을 할 수 있다.

4. 자기 모둠으로 환전을 하는 것을 거절할 수 없다.

5. 20분이 지나고, 최종환율을 기준으로 가진 돈을 정산해 본다.

6. 가장 많은 돈을 가진 모둠이 우승한다.

7. 환율에 대한 개념과 어떤 생각이 드는지 이야기를 해 본다.

환율놀이를 하기 위해서는 다른 나라 화폐가 필요하다. 문구점이나 인터넷에서 여러 나라 화폐가 들어있는 화폐세트를 구입하여 모둠별로 조금씩 나눠주면 된다. 가장 많이 쓰이는 달러, 엔, 위안, 원 네 종류의 화폐를 사용한다. 모둠별로 화폐를 골고루 나눠 주고, 기본 환율을 칠판에 적어 주며 시작한다. 환율은 가급적 단순하게 적어 준다. 그래야 계산이 편하기 때문이다. 또 모둠마다 계산기를 주면 불필요한 시간을 줄일 수 있다.

그리고 자유롭게 다른 모둠으로 가서 환전을 할 수 있도록 한다. 5분 뒤에 어떤 환율이 오르고 내릴지를 알 수가 없으니 처음에는 머뭇거린다. 5분 뒤에 이런저런 사건이 발생해서 달러의 가치가 오르고, 엔화의 가치가 내렸다는 설명과 함께 바뀐 환율을 칠판에 고쳐 적는다. 그러면 아이들은 혼동에 빠진다. 달러가 계속 오를 것이라고 생각해 달러를 사는 모둠, 엔화가 싸졌으니까 엔화를 사야 한다는 모둠 등 각기 다른 전략을 세우게 된다.

5분마다 환율이 변하면서 점점 환전을 하는 거래량이 늘어난다. 분주해졌을 즈음 이제 각자 자리에 앉게 하고, 마지막 환율을 알려 준다. 그리고, 각 모둠별로 총 얼마가 있는지 원화로 말하게 한다. 가장 많은 화폐 가치를 보유한 모둠이 우승하는 놀이이다. 이 환율놀이는 생각보다 아이들이 재미있어하고, 환율이라는 개념을 가장 명확하게 알 수 있게 해 준다.

이 놀이를 마치고 나서 환율에 대한 개념과 환율이 우리 생활에 어떤 영향을 미치는지 이야기해 보고, 교과서를 보며 환율에 따라 실제로 우리가 어떠한 영향을 받고 있는지 알게 되면 아이들이 더 명확하게 이해하게 된다. "환율은 이런 거야. 외워!"라는 말 보다는 내가 환율을 한 번 경험해 보고 나서 '아! 환율이 나에게 득이 될 수도, 해가 될 수도 있구나!'라고 느낀 뒤, 환율을 공부하는 것은 많은 차이가 있을 것이다.

기본적으로 달러 대비 환율이 상승하면 같은 1달러를 가져도 더 많은 우리나라 돈으로 바꿀 수가 있으니 달러를 많이 가지고 있는 사람이나 달러로 돈을 벌어오는 사람이 유리하다. 반대로 환율이 하락하면 1달러를 우리나라 돈으로 더 저렴하게 살 수 있으니 외국으로 놀러 가는 사람과 외국 물건을 사는 사람이 더 유리해진다.

환율놀이를 하고 나서 조금 더 확장시키고 싶다면 뒤이어 무역놀이를 할 때, 환율의 개념을 적용하면 다이내믹한 무역놀이를 할 수 있다.

원-달러 환율이 오르고 내림에 따라 우리나라로 외국자본이 들어오고 나가는 것을 알 수 있습니다. 통상적으로 환율이 내리면 외국자본이 국내로 유입이 된 것이고, 환율이 오르면 외국자본이 해외로 빠져나간 것이라고 볼 수 있습니다. 그래서 환율을 알면 우리나라 현대 경제사를 알 수가 있습니다. 연도별 환율 기록을 구해서 꺾은선 그래프로 그려봅시다. 자료는 한국은행 통계시스템에서 찾아보세요. 다 그린 꺾은선 그래프를 위 아래를 뒤집어 보면 우리나라의 현대 경제사가 담겨 있습니다. 우리나라에 경제 위기가 오면 환율이 급등하고, 경제가 좋은 시기에는 환율이 완만하고 낮게 형성되기 때문인데요. 환율이 급등, 급락한 부분에 우리나라 경제, 역사에 어떤 일이 있었는지 연표를 만들어 보면 어떨까요? 그리고 앞으로 10년간 우리나라 환율은 어떻게 될지 예상해 보면 어떨까요?

무역: 《원숭이 꽃신》을 읽고 사회 무역놀이 해 보기

6학년 국어책에 《원숭이 꽃신》이라는 이야기가 실려 있다. 처음에는 꽃신을 공짜로 줘서 맨발로 못 다니게 만든 다음에 꽃신 가격을 천천히 올리다가 나중에는 꽃신을 신기 위해 원숭이의 노예가 된다는 이야기다. 우화이지만 현재 사회문제를 지적하고 있는 글이다.

사회책에 나오는 무역은 긍정적인 면을 소개한다. 필리핀은 바나나를 만들어서 우리나라에 팔고, 우리나라는 자동차를 만들어서 필리핀에 팔면 서로 없는 물건, 경쟁력이 낮은 물건을 굳이 만들지 않아도 풍요롭게 살 수 있다는 이야기다. 과연 그럴까?

원숭이 꽃신의 이야기를 조금 차용해 보자. 필리핀 사람들이 자동차를 타는 것에 익숙해져서 이제 자동차가 없으면 더 이상 못살 정도가 되었다고 해 보자. 이럴 때 필리핀에 자동차를 파는 국가들과 연합해서 자동차 가격을 두 배 이상 올리면 어떻게 될까?

반대로 우리나라에서 농산물이 수입산보다 가격이 높다고 농사짓기를 포기하면 앞으로 쌀, 밀가루 가격은 어떻게 될까? 원숭이 꽃신처럼 내가 꽃신을 만들 능력이 안 되면 상대에게 끌려다닐 수밖에 없다. 그래서 절대적으로 필요한 물품들은 지금 당장은 손해를 보더라도 생산을 해야 한다.

반대로 우리나라와 일본, 중국의 관계는 어떤지 보자. 세 나라 모두 만들고 수출하는 주력 품목이 거의 비슷하다. 그럼 서로 무역을 하지 않아야 하는데 각자 서로에게 수출하는 비중이 상당히 높다. 왜 그럴까? 일본의 전자제품이 우리나라에 팔리고, 우리의 전자제품이 일본에 팔린다. 제품은 같지만 가격, 성능, 디자인, 브랜드가 다르기 때문에 무역이 가능한 것이다. 우리나라에서 귤이 생산되지만 비슷한 오렌지를 수입하여 사 먹고, 세계에서 가장 많이 팔리는 스마트폰을 만드는 나라지만 아이폰을 사는 사람이 있듯이 말이다.

분명 사회책에 나오는 무역을 읽고 나면 이런 질문을 하는 아이들이 있을 것이다. 그래서 아이들이 어떤 질문을 할지, 어느 부분을 헷갈려 할지 미리 생각해 두었다가 적절한 사례를 준비해서 설명해 주면 아이들이 올바른 개념을 배울 수 있다.

이제 어느 정도 무역에 대해서 개념을 정리했으니 무역놀이를 해 보자. 우리 반 내에서 여섯 모둠 정도로 나누어서 해도 좋고, 동학년이 동시에 같이 해도 좋다. 모둠이 많아질수록 품목이 늘고, 같은 물건을 파는 경쟁자가 생겨 가격 경쟁이 가능해진다. 실제 무역과 매우 흡사해지기 때문에 규모가 클수록 좋다. 무역놀이의 규칙에 대해서 설명을 하고, 각 모둠에게 물품을 만들 수 있는 재료와 돈을 나누어 준다. 각 모둠은 재료를 받고 무역을 잘하기 위한 전략을 짜본다.

시작과 동시에 모둠은 물건을 만들고, 그중 한 명은 만든 물건을 사고파는 역할을 한다. 예를 들어, 설탕과 밀가루를 재료로 가진 모둠은 빵이라는 제품을 만들 수 있고, 기준가격은 1,000원이다. 그런데 빵 5개와 생크림(설탕+우유) 5개를 가지면 3만 원의 케이크를 만들 수가 있다. 이렇게 다른 모둠의 물건을 적극적으로 구입하여 부가가치가 높은 물건을 만들며 모둠의 가치를 높일 수 있다.

20분 정도 만들고, 사고, 팔면서 어느 모둠이 가장 높은 가치를 가지고 있는지를 비교해서 우승한 모둠을 뽑은 뒤, 무역을 해 본 소감을 이야기해 본다. 소감을 나눠 보면서 무역에 대해서 자신이 생각하는 개념을 한 번 더 적어 본 후 수업을 마무리한다.

무역놀이로 공개 수업을 하면 활기차고 의미 있는 수업을 할 수 있다. 아이들이 물건을 만드는 모습과 사고파는 모습이 정말 박진감 있다. 무역놀이를 할 때는 진짜 물건을 만들어서 판매하진 않는다. 간단하게 종이접기식으로 만들거나 재료별로 각기 다른 색상의 색종이를 나누어 준 뒤, 재료 이름을 30번 적으면 그 재료가 완성 되는 것으로 간주해 주었다. 그러면 재료 준비에 시간을 줄일 수 있고, 색깔별로 어떤 재료인지 한 눈에 알 수 있어서 거래하기가 편리하다.

환율을 적용할 수도 있는데 각 반별로 국가를 정하고, 각기 다른 화폐를 사용한다. 환율은 복도에 게시하고, 선생님이 5분 단위로 변화를 준다. 네 반이 함께 할 경우 한 반에 6모둠×4학급=24모둠이 나오게 된다. 이러면 재미있는 현상을 발견할 수 있는데 재료마다 기준가격이 있어도 환율 때문에 다른 반의 모둠에서 사오는 것이 더 저렴한 경우가 발생한다. 환율을 이용해서 재료를 더 싸게 사오고, 반대로 환율을 잘 쳐주는 반으로 가서 우리의 물건을 팔면 이익이 더 늘어나게 된다. 이렇게 적극적으로 무역을 통해서 4개 반 중 어느 모둠이 가장 장사를 잘 했는지 확인해 보는 놀이가 환율·무역놀이다.

실제로 우리가 무역을 하는 이유는 우리나라에 없는 물건을 사기 위해서이기도 하지만 우리나라보다 외국이 더 싸게 팔기 때문이기도 하다. 재료를 싸게 사와야 저렴한 가격으로 물건을 만들어서 물건을 더 많이 팔 수 있기 때문에 한국, 중국, 일본 간의 무역이 발생하는 것이다.

그러면 우리나라의 쌀처럼 반드시 생산해야 하지만 물건 가격이 높을 경우에 외국산 수입으로 피해를 받지 않으려면 국가는 어떻게 해야 할까? 이때에는 관세라는 것을 적용한다. 예를 들어 우리나라 쌀 가격이 10kg에 4만 원이고, 수입산은 2만 원이라고 가정해 보자. 그러면 서로 수입산 쌀을 사 먹으려고 할 것이고, 우리나라 쌀은 판매가 부진해서 농사를 지으려고 하는 사람이 사라질 것이다. 이를 막기 위해 국가는 수입산 쌀에 대해서 400%의 관세를 붙이고 있다. 2만 원짜리 수입쌀이 8만 원의 관세가 붙어 10만 원에 팔리는 것이다. 그러면 우리나라 쌀이 더 싸니 수입산 쌀을 사 먹지 않게 된다. 이것이 관세의 효과다.

그런데 특정나라끼리 서로 관세를 부과하지 않기로 무역동맹을 맺는 경우가 있다. 그러면 관세가 없으니 저렴한 가격으로 서로 거래할 수 있어 두 나라끼리 무역이 활발해진다. 이것이 자유 무역 협정 즉, FTA이다. 우리나라는 다른 나라와 적극적으로 FTA를 맺어 현재 52개국과 FTA를 맺고 있다. 그러면 다른 나라들은 우리나라와 무역을 하면 52개국과 FTA를 맺은 효과를 보는 것이고, 우리나라는 자연스럽게 무역의 중심에 설 수 있는 것이다.

중학교나 고등학교에서는 환율·무역놀이에 관세, FTA 개념을 추가해 본다면 하나의 재미있는 프로젝트 수업이 될 수 있을 것이다.

💲 독서: 교과서 밖 경제교육

독서를 하다 보면 돈과 관련된 이야기가 유독 많다는 것을 느낄 수 있다. 어린이가 읽는 소설, 동화, 이솝우화, 그림책에도 돈과 관련된 이야기를 많이 다루는데 그 이유는 돈이 우리 삶과 많이 연관되어 있기 때문이다.

TV드라마를 봐도 돈 때문에 갈등이 생기고 싸우고, 문제가 해결되는 경우를 볼 수 있다. "얼마면 돼. 얼마면 되겠어?"라는 드라마 속 명대사가 10년이 넘게 유행어로 쓰이고 있으니 말이다.

초등학교 수업에서는 독서를 활용한 경제교육을 하면 효과적이다. 지문의 종류가 다양하고, 다른 수업과 연계성, 독서교육에 적합한 성취기준이 많기 때문이다. 그래서 교과서에 수록되지 않은 책이라도 국어과 성취기준에 맞다면 충분히 활용이 가능하다.

저학년에 어울리는 책을 하나만 예로 들어보면《개미와 베짱이》가 있다. 개미는 봄, 여름, 가을 동안 열심히 식량을 집으로 날라 저축을 하고, 베짱이는 좋은 시절에 그저 노래만 부른다. 그러다 겨울이 오자 베짱이는 굶주리다가 개미를 찾아가 식량을 얻어먹는다는 이야기이다. 근면성실함을 교훈으로 줄 수도 있고, 저축의 중요성을 강조하는 이야기로 쓸 수도 있다.

조금 더 수준을 높여 보면 교과서에 나오는《원숭이 꽃신》도 있고, 온책읽기로《베니스의 상인》을 진행하며 경제교육을 병행해도 좋다.《베니스의 상인》은 다양한 내용을 다루고 있어 다른 교과와 함께 수업하기 좋다. 국어 토론 수업을 할 수도 있고, 판결과 관련하여 도덕 수업에서 활용해도 좋다. 빚과 이자에 대해서 경제 수업으로 활용할 수도 있기 때문에 한 학기 정도 반 전체가 다 같이 한 권을 온전히 읽고 난 다음에 국어, 도덕, 사회 수업의 성취기준에 맞게 활용하면 온책읽기를 통한 교육과정 재구성이 된다.

《베니스의 상인》에서 안토니오가 샤일록에게 돈을 빌리면서 하루라도 늦게 갚으면 살 1파운드를 주겠다는 약속을 한다. 안토니오가 이를 갚지 못하게 되자 샤일록은 살 1파운드를 원했고, 지인들의 도움으로 빌린 돈의 10배를 주겠다고 하지만 샤일록은 살 1파운드를 원한다며 법정까지 가게 된다. 재판관의 명쾌한 판결 덕에 안토니오는 위기를 모면하고, 샤일록은 이제라도 10배의 돈을 받겠다고 말하지만 재판관은 피 한 방울 없이 살 1파운드만 가져 가라고 한다.

이 이야기를 통해서 어떤 교육을 하면 좋을까? 남의 돈을 함부로 빌리면 위험에 처할 수 있다는 교훈을 얻을 수도 있고, 돈을 빌리면 기한 안에 갚아야 한다는 신용에 대해서 가르칠 수도 있다. 그리고 돈을 빌리면 이자를 주어야 한다는 이자의 개념에 대해서도 알려 줄 수 있고, 잘못된 곳에 쓰이는 돈은 빌려주면 안 된다고 알려 줄 수 있다.

실제로 도박을 하기 위해 돈을 빌리는 것을 알면서도 빌려주면 돌려받을 수 없다는 법원 판결이 있다. 그리고 계약에 있어서 반사회질서 내용을 포함하고 있으면 이 계약은 무효가 된다. 그러므로 사채업자들이 돈을 갚지 않는다고 때리거나 하는 행위는 엄연히 불법이며, 이를 보면 신고해야 한다는 교육을 할 수도 있다.

《베니스의 상인》 말고도 《황금알을 낳는 거위》, 《허생전》, 《탈무드》 등 경제개념을 알려 주기 좋은 책이 많다. 이야기를 통해 절약, 저축, 이자, 신용, 무역, 교환 등 경제개념에 관심을 가지고, 이해할 수 있게 되는 자연스러운 기회를 가지게 된다.

중·고등학생의 경우 독서로 경제교육을 할 수도 있지만, 아이들의 집중과 관심을 끌기 위해 영화, 드라마를 활용하면 도움이 될 수 있다. 아무래도 공부에 지쳐있는 상황에서 영화나 드라마로 머리를 환기시키며 경제교육을 하면 공부가 더 즐겁게 느껴지기 때문이다.

돈을 가지고 암투를 벌이는 드라마와 영화는 넘치도록 많다. 이를 다 보여 주는 것이 아니라 관련된 부분만 편집해서 보여 주는 것이 좋다. 미니시리즈 20부작을 다 보여 주려면 20시간이 필요한데 수업시간을 활용하기에는 절대 불가능하기 때문에 경제와 관련된 부분을 편집해서 하나의 영상으로 모으고, 중요한 줄거리는 자막으로 처리하면 된다. 그리고 한 컷을 보여 주고, 경제개념과 관련하여 대화를 나누고 개념을 정리하는 식으로 진행하면 훌륭한 수업이 될 수 있다.

영화는 한 편을 온전히 보는 것도 가능하다. 대략 2시간 소요되기 때문에 영화 한 편을 온전히 보고, 관련된 부분에 대해서 글을 써도 좋고, 토론을 해도 좋고, 개념을 보충해서 설명해도 좋다.

2008년 글로벌 금융위기가 어떻게 일어났는지를 보여준 영화 〈빅쇼트〉를 통해 왜 세계적으로 금융 충격이 발생하게 되었는지, 그 원인과 과정, 결과를 보면서 탐욕의 위험성을 깨달을 수도 있다. 내용이 어려울 수도 있는데 간단한 비유를 통해 설명해 주면 조금 더 빨리 이해한다. 예전에 일어난 쓰레기만두 파동 사건을 예로 들어 주면 좋다. 값어치가 없는 상한 고기와 야채를 섞어 넣어 만두피로 포장하여 재료값이 들지 않는 만두를 만들어 판 사건이다.

쓰레기만두와 똑같이 금융회사에서 쓰레기채권을 판 일이 2008년 금융위기를 일으킨 주범이 되었다. 돈을 갚지 못할 가능성이 큰 부실한 채권을 잘게 나누고, 잘게 나눈 또 다른 부실채권들과 섞은 쓰레기채권을 고급진 만두피로 포장을 해서 우량채권으로 판 것이다. 부실채권이 우량채권이 되었으니 이를 판 은행은 큰 부자가 되었고, 부실했던 채권이 일시에 휴지조각이 되면서 전 세계적으로 충격이 온 것이다.

〈국제시장〉이라는 영화를 보면 우리나라 경제 성장 일대기를 볼 수가 있다. 6·25전쟁 이후 부산으로 피난을 내려 가고, 달러를 벌기 위해 독일 광부, 간호사로 파견을 간 이야기, 베트남 전쟁에 파병을 간 이야기나 물건을 팔면서 외화를 벌던 이야기 등 우리나라가 지금처럼 잘 살 수 있었던 슬픈 경제이야기가 담겨 있다.

〈작전〉, 〈돈〉이라는 영화를 보면 주식시장의 어두운 면을 알 수 있고, 〈머니볼〉은 스포츠에 경제학을 입히면 어떤 일이 벌어지는지를 알 수 있게 해 주는 영화이다. 〈강남 1970〉은 강남이 개발되던 시기에 부동산으로 돈을 벌고, 얽히는 일들에 대한 영화이다. 이 영화는 청소년 관람불가라 부동산과 관련된 부분만 편집해서 보여 주어야 한다.

이처럼 영화를 가지고 다양한 경제 이야기를 풀어 갈 수가 있다. 아무래도 영화가 아이들의 감정선을 건드려 주기 마련인데 이 덕분인지 영화를 다 보고 나서, 질문을 하면 아이들의 적극적인 대답을 들을 수 있었다. 살아있는 수업을 하고 있다고 느낄 수 있어 교사로서도 기분이 좋았다.

📢 가정에서 하는 경제교육

부모도 독서하자!

퇴근 후에 부모님이 거실에서 텔레비전을 보는 문화를 만들어 주지 않는 것이 자녀에게 많은 도움이 됩니다. 저녁에 텔레비전을 보는 것은 습관입니다. 오늘 하루는 3시간 정도만 보았겠지만 그 하루가 10년, 20년이 되면 어떨까요? 1만 시간, 2만 시간이 될 수 있습니다.

어떤 일이든지 1만 시간만 하면 전문가가 될 수 있다는 '1만 시간의 법칙' 들어 보셨을 겁니다. 우리 아이를 텔레비전 전문가로 만드는 것이 좋을까요? 독서 전문가로 만드는 것이 좋을까요? 독서가 아니어도 도서관이나 문화센터를 꾸준히 다니면 우리 아이가 지적으로 정서적으로 더 잘 자랄 수 있을 겁니다.

💰 뉴스: 학교 밖 경제교육

살아있는 교육은 아이들에게 관심과 흥미를 갖게 해 준다. 현재의 화제거리를 소재로 수업을 한다면 아이들의 관심은 더욱 증폭된다. 가상화폐가 화제이던 때에 가상화폐를 소재로 수업을 했더니 아이들이 관심을 많이 가졌다. 가상화폐만 샀다하면 돈을 버는 줄 알았기 때문에 분명 자신의 인생을 바꿀 수도 있는 수업이라 생각했을 것이다.

학생들의 소원대로 그들의 인생을 바꿀 수 있는 수업을 계획했다. 일확천금으로 부자가 될 수 있는 인생으로 바꿔 준 것이 아니라 한

방에 재산을 탕진하고, 거지가 될 뻔한 인생을 막아 주는 수업이었다. 네덜란드의 튤립사건, 99년도 주식시장에서 IT버블(새롬기술)을 이야기해 주며 가상화폐를 '절대 사지 마라.'라고 메시지를 던져 줬다. 그리고 나서 한 달쯤 지났을까 가상화폐 가격이 2,700만 원에서 300만 원으로 9분의 1 토막이 났다. 아이들이 시작하기 전에 미리 수업을 해서 말리기를 참 잘했다고 생각했다.

요새 화제가 되고 있는 뉴스는 어떤 것들이 있나 살펴보고, 이를 수업의 소재로 삼으면 재미있다. 보이스피싱이 유행하던 때에는 음악시간에 보이스피싱 예방곡을 만들어서 악기 연주와 함께 영상으로 찍어 UCC대회에 보내기도 했다. 국어시간에는 보이스피싱 예방 역할극을 만들어서 공연도 해 보았는데 개그프로그램에서 보이스피싱을 주제로 한 코너가 있어서인지 아이들이 썩 잘하는 모습을 보여 주었다.

6학년 국어 수업 중에서 기자가 되어 뉴스를 만들어 보는 수업이 있었는데 아이들이 우리 동네와 다른 동네의 물가를 비교해 보는 취재를 하고 이를 발표해 보는 수업을 했다. 뉴스를 발표하고 나서 왜 다른지 같이 이야기를 해 보았다. 우리 동네가 신도시라서 가격이 비싸다는 말을 했었는데 그럼 신도시는 왜 물가가 비싼지를 물어보았다. 신도시라고 월급을 더 주는 것은 아닐 테고, 재료를 더 비싸게 사오는 것도 아닌데 말이다. 한참을 지나서야 임대료라는 것을 생각해냈다. 그래서 직접 지도를 보여 주며 임대료가 얼마나 차이가 나는지를 알려 주었다. 그제서야 아이들이 왜 우리 동네 물가가 비싼지를 이해했다.

고등학생 창업반을 수업할 때는 뉴스와는 조금 다르지만 맛집 예능프로그램을 활용해서 수업을 해 봤다. 마침 지역에서 열린 푸드트럭 축제를 방문하여 푸드트럭 분석, 맛 분석, 고객 분석 등을 통해서 왜 잘 되고, 왜 안 되는지 알아보고 발표하게 했다. 텔레비전 프로그램을 본 친구들은 백종원에 빙의가 되어서 푸드트럭이 왜 잘 되고, 왜 안 되는지 분석적으로 발표했다. 프레젠테이션을 발표하면서 아이들의 얼굴에 생기가 돌았다. 텔레비전에서 보던 것을 자기가 하고 있으니 얼마나 신났으랴.

두 번째 미션은 우리 지역의 맛집 7군데를 찍어 주고, 이 중에서 한 곳을 모둠별로 다녀오고, 위치, 업종, 좌석, 메뉴, 가격, 운영 등을 분석해서 발표해 보도록 시켰다. 한 번 해 봤던 탓인지 내가 기대했던 대로 예리하게 분석한 친구들이 많았다. 자유롭게 발표를 시켰더니 〈○○미식회〉 프로그램을 보는 줄 알았다. 텔레비전의 영향이 상당히 크다는 것을 느꼈다.

신문을 가지고 하는 수업이 가장 전통적이고 오래된 수업이다. NIE 수업처럼 운영하면 된다. 신문을 보고 경제와 관련된 기사를 잘라서 붙이고, 각자의 생각을 댓글처럼 적어서 칠판에 붙이고 공유하는 시간을 갖는다. 여러 신문사의 신문이 있다면 하나의 주제를 가지고 다르게 보는 시각을 가진 기사를 같이 보면서 토론 수업을 해 보기도 한다. 예를 들어 어떤 신문에서는 가상화폐를 긍정적으로 보고, 어떤 신문사에서는 매우 위험하다고 주장할 경우 각각 근거를 살펴보고, 한 주장을 정해 인터넷으로 검색을 해서 근거를 보충하고 반박하며 토론 수업을 하면 꽤나 심도 있는 수업이 된다.

📢 가정에서 하는 경제교육

우리 아이를 위해서 가정에서 신문을 구독해 보는 것은 어떨까요? 신문을 읽으면 세상을 보는 눈이 자연스럽게 넓어집니다. 신문은 어휘능력, 문장 서술능력, 사고력, 분석력 등을 키워 줍니다. 대학에 갈 때, 자기소개서와 논술문 작성을 하려면 위 능력들이 반드시 필요합니다. 하지만 이런 능력은 단숨에 늘지 않죠. 어릴 적부터 지속적으로 키워 줘야 하는, 오랜 시간이 드는 일입니다.

하지만 신문을 꾸준히 읽기만 해도 이 능력을 키워 줄 수 있습니다. 그런데 신문을 읽지 않으려고 하는 우리 아이들에게 어떻게 하면 신문을 읽힐 수 있을까요?

1. 초등학생

어린 자녀라면 다소 시간의 여유가 있으므로 1분 헤드라인 뉴스를 만들어 부모님께 읽어 주도록 합니다. 그날의 주요소식을 기사 제목과 3줄 요약으로 간단히 알려 주는 것입니다. 요약을 하려면 신문의 전체 내용을 이해하고 필수 문장을 파악해야 하므로 독해력이 늘 수밖에 없습니다. 1분 헤드라인 뉴스를 읽어 주면 약간의 용돈을 준다면 지속적으로 교육할 수가 있습니다.

추천하는 방법은 아빠를 위한 1분 뉴스와 엄마를 위한 1분 뉴스를 따로 편집해서 읽어 주는 것이죠. 이 기사는 아빠가 좋아할 거야, 저 기사는 엄마가 좋아할 거야라고 나눌 수 있는 능력이 생긴다면 우리 아이는 분명 엄청난 아이일 겁니다.

2. 중·고등학생

바쁜 중·고등학생이 일일이 신문을 읽어 볼 시간은 없습니다. 신문 자체가 크고, 많은 양을 굳이 읽을 필요도 없지요. 안 그래도 국어지문을 잔뜩 읽고 있을 테니까요. 일간지보다는 주간지, 월간지를 읽어 보게 하는 것은 어떨까요? 크기가 작고, 그 주, 그 달의 핵심 이슈만 심층적으로 분석했기 때문에 사건의 배경과 과정, 추측, 주장, 근거 등을 풍부하게 얻을 수가 있습니다. 고등학교를 다니는 3년간 벌어진 사회 이슈의 배경과 주장, 근거 등을 잘 알고 있다면 논술문제, 면접문제가 나와도 당황하지 않고 자신 있게 대답할 수 있을 것입니다.

 시장: 마트에 가서 경제교육하기

현 학교로 부임하면서 '살아있는 지식은 학교 밖에 있다'는 명언을 떠올리며 우리 아이들에게 어떤 살아있는 교육을 하면 좋을까 고민을 했었다. 학교 밖이라고 해 봤자 실제로 아이들이 걸어갈 수 있는 거리 내에서 우리가 할 수 있는 일은 많지 않았다.

운 좋게도 학교 길 건너에 마트가 있었다. 그래서 마트를 한 바퀴 쭉 둘러봤는데 평소에 장 보러 갔을 때와 다른 점들이 눈에 들어왔다. '여기서는 어떤 수업을 할 수 있겠구나', '여기서는 국어 수업에서 활용하면 좋겠구나', '계산기를 들고 가면 되겠구나' 등 수업과 동선이 떠오르기 시작했다.

그래서 학교에 부임하자마자 교장선생님과 함께 마트와 MOU를 맺고 수업에 적극적으로 활용했다. 마트 측에서도 지역의 아이들을 위해 기쁜 마음으로 화답해 주었다.

가장 많이 활용한 방법은 소비자교육이었다. 프로젝트 수업 중 일부러 모둠별로 일정금액의 돈을 주고 요리 재료를 사도록 했었는데 아이들이 정해진 돈으로 원하는 요리를 최대한 많이 만들기 위해서 합리적인 선택을 하는 모습을 보고 감동을 받았었다.

첫 번째는 샌드위치를 만들기로 한 모둠이었는데, 하나를 만들어도 건강한 음식을 만들기 위해 유기농 채소와 잼을 사자는 아이와 수익을 내려면 최저가의 재료를 사야 한다는 아이가 논쟁을 벌였다. 결론은 어떻게 되었을까? 두 의견이 모두 틀린 것은 아니니 두 가지 콘셉트를 다 해 보자고 했다.

두 번째는 치즈를 구입한 모둠이었다. 치즈 10장이 들어 있는 팩 5개와 100장짜리 1팩의 가격이 같았다. 그런데 치즈는 딱 50장만 필요해 굳이 더 많이 살 필요가 없었다. 그러자 치즈가 필요한 다른 모둠을 찾아 상의를 하더니 100장을 사서 50장씩 나누기로 했다는 것이다.

세 번째는 아이들에게 계산기를 주자 A제품과 B제품 중 무엇이 더 싼지 확인하기 위해 그램당 단가를 계산하기 시작했다는 것이다. 마트에 가면 가격표 밑에 그램당 단가를 써넣었는데 거기서 아이디어를 착안해서 적혀 있지 않은 물건도 계산기를 통해 단가를 알아내고, 더 저렴한 물건을 샀다. 나는 이 3가지 방법을 가르쳐 준 적이 없었다. 아마 이전에도 이런 내용을 가르쳤을 선생님은 없었을 것이다. 아이들 스스로 학교 밖 실제상황 속에서 지식을 발견한 것이다. 이렇게 알뜰하게 물건을 산 다음 요리를 하니 아이들이 생각한 수량보다 더 많은 음식이 나왔고, 계획보다 초과수익을 얻을 수 있었다.

마트를 다르게 활용하는 방법도 있다. 국어시간에 활용하는 방법인데 인터뷰를 하는 것이다. 우리 동네에는 사람이 모이는 곳도 없고, 상가도 많지 않아 다양한 직업을 가진 사람들을 만나 인터뷰를 하는 것이 어려웠다. 그런데 마트 안에는 판매원, 배달원, 계산원뿐만 아니라 은행, 세탁소, 음식점, 카페, 아이스크림가게, 차량정비소, 미용실, 병원, 놀이방 등 다양한 가게와 종사자들이 있었다. 모든 직업이 다 모여있다고 할 수는 없지만 아이들이 인터뷰를 하기에는 충분히 많았다.

정중하게 사전요청을 하고, 질문을 준비한 뒤, 짧은 시간이지만 면담을 하면서 인터뷰를 진행했다. 이 인터뷰 자료들을 발표하고, 다양한 직업인들의 힘든 점과 보람있는 점을 공유하며 직업에 대한 인식도 넓히는 계기가 되었다.

아마 직접 마트로 가지 않았다면 이런 배움이 일어나지 못했을 것이다. 아이들에게 더 많은 살아있는 지식을 전하기 위해 현장을 뛰어다녀야겠다고 다짐했다.

📢 가정에서 하는 경제교육

아이들 두고 부모님 혼자 마트에 가시나요? 아이와 마트에 가서 장도 보고 자연스럽게 경제교육도 시켜보는 것은 어떨까요?

1. 물가 외우기

마트에서 그냥 장을 보지 말고, 아이가 좋아하는 코너부터 시작해서 제품의 가격을 외워 보는 것은 어떨까요? 그냥 장을 보면 심심하잖아요. 암기도 하고, 암기를 하고 나면 더 재미있는 것을 할 수 있습니다.

2. 가격 비교하기

같은 물건이라도 마트에 갈 때마다 가격이 바뀌는 경우가 있습니다. 물건을 바꿔 가면서 세일을 하는 경우가 많아요. 그래서 물가를 어느 정도 외우고 있으면 지금 물건이 평소보다 얼마나 싼 건지 금방 알 수가 있죠. "엄마, 오늘 카레가 500원이나 싸게 나왔어요."라고 알려 주는 자녀 덕분에 엄마는 알뜰 쇼핑이 가능하겠죠?

3. 여러 마트 가 보기

다른 마트에 가면 같은 품목도 가격이 많이 다르다는 것을 알 수 있습니다. 그러면 아이는 '왜? 가격이 서로 다르지?'라는 궁금증이 생길 거예요. 그때, 어떤 것이 비싸고, 어떤 것이 싼지 한번 찾아보게 하는 것도 좋습니다. 아이들의 기억력과 사고력에 도움이 됩니다.

4. 왜 여기에 이 물건이 있을까?

마트는 소비자의 소비욕구를 자극하기 위해서 온갖 기술을 다 적용했어요. 나오는 음악부터 에스컬레이터와 계산대의 위치, 길게 늘어진 동선 등 소비자가 하나라도 더 살 수밖에 없게 만들었죠. 특히, 물건 진열 구조는 필요 없는 것도 사게 만들었어요. 양념장 코너에 있어야 할 쌈장이 고기코너, 상추코너 옆에 있지요. 왜 여기에 진열을 해 두었을까요?

계산대 앞에는 자잘하게 필요한 물건들이 잔뜩 있을까요? 특히, 계산대 아래쪽 진열대에는 아이들이 좋아할 만한 간식들이 즐비한 이유는 무엇일까요? 이러한 비법의 원리를 모두 알아낸다면 우리 아이는 분명 훌륭한 CEO가 될 수 있을 것입니다.

근로 소득: 불공평한 1인1역, 월급으로 해결하기

1인 1역을 정하는 것은 교사로서 여간 곤혹스러운 일이 아니다. 모든 역할의 난이도가 똑같을 수가 없고, 그럼에도 불구하고 한 명당 하나의 역할을 맡아야 하기에 편한 일과 서로 하기 싫어하는 일이 생기게 마련이다. 그렇다고 어떤 역할을 강요하거나 누군가가 양보하게 만드는 것 또한 교육적으로 좋은 일이 아니다.

어려운 일을 맡은 친구도, 편한 일을 맡은 친구도 모두 합리적인 보상을 해 주는 것이 공평한 처사라고 생각할 것이다. 선생님의 편의 때문에 한 명씩 골고루 하나의 역할을 나누어 줬으니 난 공평한 선생님이라고 생각하면 안 된다.

그럼 우리 아이들에게 어떻게 역할을 나눠 주어야 가장 공평한 방법일까? 어려운 역할 한 개, 쉬운 역할은 두 개로 나누어도 공평한 방법은 아니다. 가장 좋은 방법은 아이들이 스스로 역할을 선택하는 것이다. 스스로 선택했으니 아이들도 공평하다고 느낀다.

그렇다고 하고 싶은 것만 선택하게 하면 책 정리 같은 편한 역할로만 다 몰릴 것이다. 그래서 나는 '힘든 일만큼 칭찬 점수를 더 받는 구조'와 '하고 싶게 만드는 다양한 역할'을 중심으로 시스템을 만들었다.

아이들이 힘들어하는 일인지 아닌지는 금방 알 수 있지만 아이들과 상의해서 월급을 정했다. 예를 들어 가장 기본이 되는 역할인 '쓸기'를 기준을 삼고 15점을 주기로 했다. 다른 역할도 아이들에게 하나씩 물어보고 칭찬 점수를 결정했다. "몇 점을 주면 좋을까?"라고 말하면 "20점이요.", "10점이요."라고 답을 한다. 대다수의 아이들이 말하는 숫자를 우선 넣어 주고 대략적인 역할과 인원 수, 칭찬 점수를 적은 다음 차례로 역할과 희망하는 아이들을 조사하였다.

첫째로 빗자루 쓸기 역할이고 4명 모집에 칭찬 점수가 15점이라고 정한 뒤, 우선 희망하는 학생을 뽑는다. 희망자가 4명보다 많으면 손을 내리게 하고 다음 역할을 뽑고, 희망자가 그 이하면 우선 이름을 적어 선발한다.

이렇게 역할을 한 바퀴 지나고 나서 희망자가 없는 역할은 칭찬 점수를 좀 더 올리고, 희망자가 넘치는 역할은 칭찬 점수를 낮춘다. 그러면 자연스럽게 힘든 일은 점수가 올라가고, 쉬운 일은 점수가 내려간다. 그러면 모두가 자신이 지원한 일을 하게 되고, 힘든 만큼 점수에 차등이 생긴다. 여기에 하나의 규칙이 있다면 '최저월급제'라는 것이다. 아무리 편한 일이어도 기본점수는 있어야 한다. 우리반의 경우는 칭찬 점수 10점을 최저 월급으로 정했다. 월급이 어느 정도는 되어야 일을 하는 아이도 신이 나기 때문이다.

아이들이 해 보고 싶어 하는 독특한 역할이 많았다. 평소에는 임무가 없지만 언제든지 상황이 발생하면 바로 달려가서 임무를 수행하는 특공대와 아이들의 월급관리를 맡는 은행장과 부은행장, 청소 시간에 역할을 잘 수행하고 있는지 돌아다니며 확인을 하는 3인의 감사원, 화가, 과학자, 트레이너 등 이전에는 해 보지 못했던 역할도 여러 가지가 있다. 그리고 아이들이 공익의 목적이 있는 역할을 제안하였을 때에는 적극 수용하여 역할을 새로 추가한다. 그러다 보면 1인 2역도 생기게 된다. 그러면 아이들이 우리 반을 위해 서로 역할을 자청한다. 그만큼 교사가 볼 수 없는 부분까지도 꼼꼼하게 채워진다.

역할은 학기 단위로 바뀐다. 감사원의 지적이 잦은 친구는 역할을 내려놓게 되고, 희망하는 다른 친구가 하게 된다. 감사원은 3인을 둠으로써 친한 친구 편을 들지 못하고, 공정한 판단을 하도록 했다. 한 학기 동안 성실히 근무한 친구는 명예퇴직을 하게 되고, 명예퇴직수당으로 한 달 월급을 더 받게 된다. 2학기에 새로 감사원을 뽑는다. 학년 말에는 남은 점수에 따라 각기 다른 선물로 보상했다. 양말, 연필깎이, 포스트잇 같이 작은 선물인데도 기뻐하는 아이들을 보면서 1년 간 우리 반의 구석구석을 스스로 도맡아 청결과 질서를 유지해 준 아이들에게 내가 더 고마움을 느꼈다. 이렇게 해마다 마지막을 정리하면서 아이들을 윗학년으로 올려 보내면 대견스러우면서도 마음이 참 뭉클하다.

마치 "사장님, 저 이번에 회사 취업했어요." 라고 말하는 알바생을 보는 마음이랄까.

📢 가정에서 하는 경제교육

이유없이 용돈을 주지 마세요. 자신이 노동력을 제공하거나 정당한 일을 했을 때, 그에 따라 보상을 받아야 일의 가치를 알고, 돈의 소중함을 알게 됩니다.

용돈을 줄 때에는 "고생했어.", "잘 해냈구나.", "역시, 우리 ○○이야. 믿음직해." 등 칭찬의 말을 함께 해 주세요. 외적보상과 내적보상을 함께 받을 때 아이가 자신이 한 일에 대해 뿌듯해 합니다.

용돈을 많이 주지 마세요. 필요보다 돈이 많으면 과소비를 하게 됩니다. 약간 부족하거나 적당히 주는 것이 좋습니다. 그래야 하나를 선택하면 다른 하나를 선택하지 못하는 기회비용을 깨닫게 되고, 현명하게 소비하는 법을 스스로 깨우치게 됩니다.

 경매: 티격태격 자리 배정, 경매로 해결하기

초등학교 교실에서 경매가 벌어진다면 믿을 수 있을까? 경매기법의 등장에 의아해 하는 사람들이 많다. 물론 아이들이 돈을 가지고 경매하는 것은 아니다. 자신들이 열심히 일해서 번 월급인 칭찬 점수로 이번 달에 앉을 자리를 구입하는 것이다.

아이들 자리 배정에 대해서도 참 고민이 많았다. 누구를 어디에 앉혀도 선생님이 정해 준 자리는 강제적이기 마련이다. 왜 주권을 가진 아이가 강제로 배정된 자리에 앉아야 할까? 선생님 가까이에 앉고 싶은 아이도 있고, 창가석에 앉아 따스한 햇살을 느끼고 싶은 아이도 있고, 뒤에 드넓은 공간을 여유롭게 쓰고 싶은 아이도 있고, 원하는 친구와 앉고 싶은 아이도 있을 텐데 내가 아이들의 자리를 정할 권리는 없다고 생각했다.

그렇다고 아이들이 원하는 자리에 마음대로 앉으라고 해서도 안 된다고 생각했다. 나는 누구와 앉고 싶은데 다른 친구가 그 친구랑 앉는 바람에 서로 사이가 나빠지고, 이간질을 해서 사이가 안좋아지기도 하고, 친구가 없는 학생은 이 과정에서 소외감을 느끼는 등 부작용이 크기 때문이다.

1인 1역을 한 학생들에게 어떤 보상을 해 줄까 생각을 하다가 자리 배정으로 보상을 하면 어떨까 하는 생각을 하였다. 물론 자리에 큰 뜻이 없는 학생들은 불만일 수도 있다. 대신 월급을 통해 번 칭찬 점수는 자리 배정뿐만 아니라 선물교환 등 다양한 곳에 쓰일 수 있도록 했다.

힘든 일을 한 학생들은 월급이 많으니 아무래도 자신이 원하는 자리를 우선적으로 택할 수 있고, 편한 일을 한 학생들은 상대적으로 원하는 자리를 차지하기가 쉽지 않다. 그렇다고 해서 점수대로 원하는 자리를 앉는 것도 아니었다. 점수가 많아도 자리 배정에 소비를 안 하는 아이들도 많았고, 최저월급 수준이지만 자리 배정에 모든 것을 거는 아이들도 있었다.

우리 반은 역할을 2개씩 하는 아이들도 있어 월급이 꽤 높은 편이었다. 이를 최대한 소모시켜 주기 위해서 매력적인 자리를 만들었다. 남자끼리 앉을 수 있는 자리 두 석, 여자끼리 앉을 수 있는 자리 두 석을 만들었다. 또, 우리 반 학생이 홀수라 혼자서 두 자리를 쓸 수 있는 VIP석도 만들었다.

초등학생에게 있어 동성과 앉을 수 있는 자리는 매우 매력적이다. 가장 점수를 높게 쓴 사람이 이 자리를 차지할 수 있기 때문에 적극적으로 모은 점수를 소비하게 된다.

자리 배정방식은 월급날 월급을 주고(우리 반은 칭찬 점수를 선불로 지급했다), 각자 점수를 확인시켜 준 뒤, 종이를 나눠 주고, 칠판에 좌석배치도를 그리고 남자가 앉을 수 있는 번호(1~12), 여자가 앉을 수 있는 번호(13~24)를 적고, 이름과 자리에 쓸 점수를 써서 제출하게 한다. 은행장과 부은행장이 종이를 확인하고 높게 쓴 순으로 정렬한다. 가장 높은 점수를 쓴 친구 순으로 원하는 자리 번호를 말하고, 칠판에 이름을 적는다. 그러면, 점수를 높게 낸 순으로 원하는 자리에 앉게 된다. 이러면 입찰을 통해 매수가 결정되는 경매의 원리를 활용해서 최소의 시간으로 모두가 자신이 앉을 자리를 선택하는 최대 만족을 얻을 수 있다.

여기서 딱 하나 주의할 점이 있다. 서로 자리를 미리 정해놓고, 점수를 담합하거나 다른 친구가 못 앉게 눈치를 주는 아이들이 있을 수 있다. 담합을 하는 경우, 적발하게 되면 가장 후순위로 자리를 선택해야 한다는 것을 명시해 주어야 힘든 일을 한 친구가 비교적 좋은 자리에 앉는 정상적인 일이 유지된다.

💰 창업: 비즈쿨, 창업동아리 그리고 토요마켓

초등에 나눔 장터가 있다면 중·고등학교에는 비즈쿨, 창업동아리가 있다. 담임교사가 전교과를 수업해서 교과 간의 결합이 자유로운 초등과 달리 중·고등학교는 각 과목별로 교사가 있기 때문에 교과 통합 수업을 진행한다는 것이 어려운 현실이다.

그래서 창업동아리 형식으로 진행을 하는 것이 더 낫다. 아이들이 주체가 되어서 무엇을 팔지 시장조사를 하고, 본인들이 할 수 있는 것인지 또는 학교에서 배웠던 것인지 생각해 보고, 재료를 준비하고, 물건을 만들고, 판매를 진행하는 등 전체적인 과정을 스스로 알아서 하되, 그 과정에서 지도교사나 전문가가 컨설팅을 해 주는 방식이다. 중·고등학생이면 충분히 스스로 기획하고 진행할 수 있는 능력이 되기 때문에 자율성을 주고, 결과를 만들어 내보도록 지원해 주는 것이 더 적절하다.

이런 생각을 하게 된 계기가 있다. 영국과 호주에 여행을 갔을 때, 우리나라와 다르게 외국 학생들은 수업을 위해 시장에 자주 가는 모습을 보았다. 물건을 사는 단순한 일로 시장에 가는 것이 아니라 프로젝트 수업에 필요한 정보를 알기 위해서 시장조사를 하는 듯했다.

학교 밖에서 수업을 하는 것이 자연스러운 환경이 참 부러웠다.

그중에서도 백미는 학생들이 운영하는 프라이데이(Friday) 마켓이었다. 매주 금요일 특정 장소, 특정 시간에 학생들이 마켓을 운영하는데 매주 운영되다 보니까 관광객들에게 명소가 되었다. 매주 돌아가며 이 곳에서 마켓을 운영하니 여러 아이들이 창업에 대한 경험을 해 볼 수 있었고, 관광객들은 즐거운 쇼핑과 먹거리, 볼거리가 제공되니 좋았다.

우리나라도 이런 문화를 받아들여서 교육과 관광이라는 두 토끼를 잡으면 어떨까 생각했다. 내가 근무했던 세종시는 호수공원이라는 걸출한 관광지가 있음에도 불구하고, 연계관광상품이 별로 없어 외부 관광객을 끌어들이지 못하고 있었다. 만약, 여러 고등학교의 창업동아리들에게 호수공원에서 매주 토요일에 제품을 판매할 수 있도록 공간을 제공하고, 창업동아리들이 돌아가며 여기서 자신들의 판매공간을 갖게 되면 세종시만의 토요마켓이 등장하게 된다. 토요마켓과 더불어 버스킹 공연 등 학생들의 끼를 펼칠 수 있는 공간도 같이 제공해 준다면 쇼핑, 볼거리, 먹거리가 공존하는 새로운 관광지가 탄생할 것으로 기대된다.

그래서 2018년 한 해 동안 고등학생을 대상으로 창업반 수업을 맡아서 진행하였고, 다가오는 2019년에는 호수공원에서 물건을 판매해 보려고 한다. 이 활동이 정착되면 경제연구회 선생님들과 각 학교 창업동아리 학생들이 주축이 되어 릴레이 토요마켓을 열어 볼 계획이다.

관광자원이 척박한 세종시보다 다른 지역은 청소년마켓을 열기가 더 수월하다. 서울이나 수도권은 외국인, 관광객, 유동인구가 풍부하므로 장소만 잘 정한다면 충분히 가능성이 있다. 광역시나 관광지를 보유한 시·군은 관광지를 잘 엮어서 진행한다면 승산이 있다.

물론 이를 위해서는 보이지 않는 노력이 필요하다. 판매장소를 구하기 위해 지자체 담당자와 협의해야 하고, 재료비를 조달하기 위해 동아리 예산, 비즈쿨 예산 등을 활용해야 한다. 그리고 학교가 아닌 외부에서 판매를 하기 때문에 부스운영에 신경을 많이 써야 한다. 동아리로 운영하기 때문에 비교적 시간에 구애를 받지 않아 유동인구가 많은 평일 저녁이나 주말에도 판매가 가능하다. 가장 잘 팔 수 있는 장소와 시간을 선정해서 성공적인 마켓이 되도록 해 보자.

📢 가정에서 하는 경제교육

아이와 함께 프리마켓에 참여해 보면 어떨까요? 요즘 지역 곳곳마다 프리마켓을 하는 곳이 많아졌는데요. 우리 아이가 이제 쓰지 않는 물건, 부모님과 같이 직접 만든 공예품이나 쿠키, 아이가 만든 물건 등을 프리마켓에서 팔기도 하고, 구경을 하며 구입도 해 보면 좋은 경험이 될 것입니다.

자신이 팔아서 번 수익금으로 다시 프리마켓의 소비자가 되어 원하는 것을 사 보면 판매자와 소비자를 모두 경험할 수 있고, 상반된 경험을 통해 물건을 어떻게 사는 것이 현명한 일인지, 제품을 잘 팔려면 어떤 노하우가 필요한지 배울 수 있습니다. 그리고 판매한 돈만큼 물건을 살 수 있기 때문에 자원의 희소성과 모든 것을 가질 수 없고, 가장 효과적인 선택을 해야 하는 기회비용에 대해서도 배울 수 있습니다.

💰 펀드: 학급펀드를 만들어 보아요

펀드란 여러 사람이 돈을 모아 기금을 조성해서 이익이나 공익을 위해 사용하는 것이다. 대부분은 증권사나 은행에서 적금처럼 돈을 넣는 것으로 기억하는데 펀드는 생각보다 종류가 다양하다.

학교에서 아이들과 함께 펀드를 경험해 보는 활동을 하면 좋다. 수익을 내는 펀드를 해 보는 것은 어떨까? 3월에 반 학생 모두가 돈을 얼마씩 걷어서 펀드를 만들고, 펀드에서 난 수익금으로 가을축제 때 자본금으로 활용하거나 반티셔츠를 구입하거나, 1년을 마치면서 기념품을 제작하는 방법도 있다. 펀드를 통해서 큰 수익을 낼 수는 없겠지만 학생들이 펀드라는 것에 관심을 갖고, 뉴스나 신문에 펀드라는 단어가 나오면 그냥 지나치는 일은 없을 것이다.

실제 펀드가 부담스럽다면 학교축제 때 물품판매 펀드를 해 보는 것도 좋은 방법이다. 학급에서 판매할 음식이나 물건을 정하고, 이를 위한 자본금을 학급 내에서 펀드를 조성하여 마련하는 것이다. 판매 수익에 따라 정산을 해 주는 것이다. 우리 반 아이들이 다 같이 펀드에 참여해 보고 수익금을 나누면서 펀드의 의미를 명확히 알 수 있는 방법이다.

중·고등학교에서는 실제 펀드를 운용해 보면서 실감나게 경험해 볼 수 있지만 초등학생에게는 아직 실제 돈을 활용한 펀드를 하는 것은 무리가 있다. 그렇기 때문에 가상의 학급펀드를 활용해 보는 것을 추천한다.

가상의 펀드라는 것은 주식, 채권 등 실제 돈과 관련된 것에 투자를 하는 펀드가 아니라 날씨, 첫눈, 기부 등 돈과 관련 없는 것에 가상으로 투자를 해 보는 펀드다. 돈을 모아 수익을 내는 일반적인 펀드와 달리 돈이 아닌 것에 초점을 두고, 이 변화에 따라 수익이 달라지는 방식이다.

과학과 펀드의 만남

예를 들어, 과학 수업에서 가상펀드를 활용할 수 있는데 날씨 단원 중 미세먼지 수업을 한다고 가정해 보자. 미세먼지를 줄일 수 있는 방법을 종이에 써오거나 미세먼지를 줄이기 위해 실천한 사진을 찍어오면 1점씩 준다고 하고, 일주일 간 아이들이 써온 종이와 사진을 합쳐 학급의 미세먼지 점수를 합산해서 칠판에 적는다.

그리고 매일 미세먼지 지수를 확인해서 좋은 날은 +1점, 나쁜 날은 -1점, 매우 나쁜 날은 -2점을 해서 한 달 뒤에 미세먼지 점수가 몇 점 이상이면 야외체육, 과자파티 등 보상을 주고, 몇 점 이하면 미세먼지를 없앨 수 있는 노력을 더하기로 하면 아이들이 미세먼지에 대해 공부도 하고, 펀드도 간접적으로 경험할 수가 있다. 자신들이 노력한 만큼이 최초 투자금이 결정되는 것이고, 미세먼지 지수가 변수가 돼서 한 달 뒤에 최종 수익금이 결정되기 때문이다. 이렇게 수업과 펀드를 자연스럽게 엮어서 프로젝트 수업으로 구성할 수도 있다. 미세먼지, 비 오는 날 횟수, 태풍 수, 눈 오는 날 횟수 등 다양한 자연현상과 연결할 수 있다.

사회, 도덕과 공익펀드의 만남

사회, 도덕과 연결하면 공익펀드를 만들어 볼 수 있다. 공익펀드를 통해서 아이들이 사회재난에 관심을 갖고, 기부를 실천하는 경험을 해 볼 수가 있다. 사회과 단원에 도시와 농어촌을 비교하는 단원이 있고, 도농격차가 심각함을 알려 주는 수업이 있다. 이를 수업하면서 아이들이 가족들과 대형마트를 가지 않고, 전통시장을 갈 때마다 기부콩을 하나씩 주었다.

인증사진이나 영수증을 가져오면 전통시장에 다녀온 것으로 인정해 주었고, 한 학기 동안 우리 반 전체가 기부콩을 다 같이 모았다. 아이들이 콩을 모금함에 넣을 때마다 나도 콩 한 개당 100원씩 모았다. 그리고 한 학기 동안 아이들이 모은 콩을 세어 보았다. 대략 100개 정도였다. 생각보다 많지 않았지만 아이들이 부모님을 모시고 대형마트 대신 전통시장에 간 횟수가 100번이 넘었다는 이야기이다. 전통시장을 살리는데 우리 아이들이 충분히 많은 역할을 했을 것이라 생각한다.

1학기가 끝날 때쯤 기부콩 한 개를 100원으로 계산하여 1만 원으로 바꾸어 주었다. 그리고 그 1만 원의 돈으로 전통시장에 가서 아이들이 좋아할 만한 군것질거리를 사 왔다. 양이 많지는 않았지만 그것으로 아이들과 방학식을 맞아 간단한 과자파티를 했다. 한 학기 동안의 경험이었지만 아이들이 전통시장을 경험해 보고 어른이 되는 것과 전통시장에 전혀 가 본 적 없이 어른이 되는 것은 큰 차이가 있다. 어른들이 전통시장에 가면 가장 먼저 떠오르는 것이 옛 추억이다. 전통시장에서 어린 시절 추억이 생긴 아이는 나중에 어른이 되어서도 다시 전통시장을 방문할 확률이 높을 것이다.

사회와 도덕 수업에는 이런 좋은 소재들이 많다. 세계화 수업과 다문화교육을 병행하면서 다문화 관련 활동, 소개를 할 때마다 기부 콩을 모으고 다문화 기부를 하는 방법도 있고, 아프리카의 어려운 아이들을 돕는 데 활용하는 방법도 있을 것이다.

저학년의 경우 모르는 지역주민에게 인사를 했을 때마다 횟수를 적고 이에 따른 보상을 해 주는 인사펀드를 만들어도 효과가 있다. 요즘에는 같은 아파트에 사는 사람들과 인사를 하지 않는 경우가 많은데 특히, 신도시는 더 심하다. 우리 아이들이 먼저 나서서 아침 등굣길에 만나는 지역주민과 인사하기 시작하면 어른들끼리도 자연스럽게 인사하는 문화가 생기지 않을까?

펀드 수업을 통해 펀드의 개념을 배우는 것이 목적이 아니라 아이들의 시야를 넓히고, 우리 동네, 세상을 바꾸는데 실제적인 경험을 해 보는 프로젝트 수업으로 확장까지도 생각해 보는 것이 이 수업의 중점이라고 생각한다.

◐ 토막지식 ◑

주식형 펀드와 채권형 펀드는 반대 성격을 가지고 있어요.

펀드를 만들 때, 주식형 펀드를 만들 것인지 채권형 펀드를 만들 것인지 물어봐서 당황한 경우가 있을 거예요. 코스톨라니 모형에 의하면 금리가 상승할 때는 주식 수익률이 좋고, 금리가 하락할 때는 채권가격이 오른다고 해요. 펀드도 마찬가지로 금리가 오르는 시기에는 주식형 펀드를 가입하고, 금리가 내리는 시기에는 채권형 펀드가 유리하답니다.

도박: 수학으로 배우는 도박 예방교육

학생들에게 도박 예방교육을 한다고 했을 때, 주변에서 많이 만류하였다. 오히려 아이들이 도박을 알게 되는 계기가 되지 않느냐고 말이다. 이는 청소년들이 얼마나 도박중독에 많이 빠져있는지 모르고 하는 소리이다. 청소년들이 성에 대해 눈을 뜰까 염려해서 성교육을 하지 말자고 말하는 사람이 아무도 없듯이 도박중독을 막기 위해서 교사들은 예방교육에 힘써야 한다.

사람들이 도박에 빠지는 이유는 우리 사회 여러 곳에 도박이 만연해 있기 때문이다. 단지 그 정도가 약해서 우리가 도박이라고 생각하지 못하고 있을 뿐인데 복권도 일종의 도박이다. 돈을 걸고, 확률에 따라 배당을 받는 시스템은 다 도박이라고 볼 수 있다. 명절날 친척들이 모여 화투를 치는 것도 도박이고, 복권을 사고, 경마에 돈을 거는 것, 일상에서 하는 내기나 경품 추첨도 모두 도박이다. 하지만 우리는 금액이 적고, 생활에서 미치는 영향이 미미하므로 도박이라고 생각하지 않을 뿐이다.

아기가 태어나서 첫 생일을 맞은 돌잔치에서도 어른들은 아이가 돌잡이로 무엇을 잡을지 예측하고 맞춘 사람에게 추첨을 통해 선물을 주는 문화가 만연하다. 아이들도 ○○에 얼마를 건다는 말을 흔하게 한다. 상황이 이런데도 도박 예방교육이 꼭 필요하다고 생각하는 것은 나뿐일까?

요즘에는 청소년에게도 인터넷 사설 도박이 널리 퍼져 있다. 돈과 인터넷만 있으면 어디서든지 누구도 모르게 도박을 할 수 있는 사회이다. 청소년이라고 방심해서는 큰일 난다. 그래서 수학시간에 확률을 가르치면서 자연스럽게 도박의 무의미함과 위험성을 설명한다.

초등에 맞는 도박 예방교육

카지노에서 가장 돈을 딸 확률이 높은 게임은 '바카라'이다. 그래서 많은 사람들이 바카라에 도전하고 돈을 땄다고 자랑하지만 가장 많이 돈을 탕진하는 게임이기도 하다. 그 이유가 무엇일까?

'시간'이다. 돈을 딸 확률이 가장 높지만 가장 빨리 끝나는 게임이기도 하다. 그래서 실제로 고객들이 다른 게임보다 잃은 금액이 더 크다. 자기가 유리하다고 생각하니 더 큰 돈을 걸고, 더 빨리 잃어 주니 카지노 입장에서는 이보다 더 좋은 게임이 없는 셈이다.

교실에서도 결정을 빨리 하기 위해서 많이 사용하는 것이 '가위바위보'이다. 아이들에게 바둑돌을 1인당 5개씩 나눠 주고, 친구와 바둑돌을 걸고 가위바위보를 해서 이긴 친구가 가져 가게 한다. 그 대신, 이길 때마다 바둑돌 한 알씩 앞에 통에 내게 한다. 일종의 수수료를 내는 것이다. 그럼 어떤 결과가 벌어질까? 수많은 친구들과 가위바위보를 통해 바둑돌을 가장 많이 딴 학생보다 통 안에 있는 바둑돌이 더 많게 된다. 이런 활동을 통해서 도박에 참여하는 사람이 돈을 버는 것이 아니라 도박을 운영하는 사람이 돈을 번다는 것을 알게 된다. 그리고 대부분의 플레이어가 돈을 잃게 된다는 것도 알수 있다. 몇 분도 되지 않아서 대부분의 학생이 모든 바둑돌을 잃고 그냥 앉아 있었다.

활동을 마치고 아이들에게 하나씩 상황을 확인하며 실제 도박을 했을 경우 우리 반은 어떻게 되었을지 이야기를 나누어 보았다. 몇 명은 돈을 땄다고 좋아했겠지만 대부분은 돈을 잃었고, 엉뚱한 사람만 돈을 벌게 되는 시스템이라는 결론을 도출할 수만 있다면 훌륭한 도박 예방교육이 된다.

도박을 시작도 하지 않는 것이 최고의 예방임을 주지시킨다면 나중에 아이들이 도박을 할 기회가 와도 피하게 될 것이다.

확률과 도박

중·고등학생이 되면 확률을 계산할 수가 있다. 그러면 복권이 얼마나 허망한 것인지 도박 또한 얼마나 확률이 낮은 것인지를 수학식을 통해서 확인할 수 있다. 그래서 수학의 확률 단원을 공부할 때, 좋은 사례로 활용해서 도박 예방교육과 수학공부 두 마리 토끼를 잡을 수 있다.

대표적인 궁금증으로 로또 1등에 당첨될 확률은 얼마일까? 1부터 45까지 숫자 중에서 6개만 맞추면 되니 당연히 45분의 6이 아니냐고 말하는 사람들도 있다. 그러면 45명 중에서 6명이나 1등이 당첨되어야 하는데 실제로 당첨되는 사람을 주변에서 볼 수가 없을 정도이다. 수학을 잘 모르면 당첨 확률이 높은 것처럼 보이게 설계한 로또복권이 그래서 전 세계적으로 인기가 높은 것이다.

실제로 로또복권 1등에 당첨될 확률은 벼락에 맞은 사람이 일어나서 또 벼락을 맞을 확률보다 낮다. 1등 당첨이란 어림도 없는 일이라는 것이다. 그런데도 매주 1등 당첨자가 5명 정도는 되니, 우리는 그중 하나가 내가 될 수 있다는 생각으로 복권을 산다.

$$_{45}C_6 = \frac{45 \times 44 \times 43 \times 42 \times 41 \times 40}{1 \times 2 \times 3 \times 4 \times 5 \times 6}$$

그림 2-5. 로또복권 1등 당첨 확률 계산식

아이들에게 로또 복권 1등에 당첨될 확률을 계산해 보게 한다. 수학시간에 조합을 배웠다면 위의 식으로 쉽게 구할 수 있다. 8,145,060분의 1로 우리나라 국민 5천만 명 중에서 6명 정도만 1등에 당첨될 수 있다.

여기에 조금 더 응용을 해 본다면 기댓값을 계산해 볼 수 있다. 당첨금×확률=기댓값인데 1등부터 6등까지 기댓값을 모두 더하면 복권을 사는 가격보다 터무니없는 기댓값이 나온다는 것을 알게 된다. 1천 원짜리 복권에서 1등에 대한 기댓값을 구하면 123원이 나온다. 나머지 등수를 더해 보아도 구입한 금액의 50% 이하다. 거기에 세금까지 떼니 실제 기댓값은 50% 미만이라고 보는 것이 옳다. 그러면 수익의 절반은 복권사업을 하는 주최 측과 판매자들이 가져간다는 뜻이다.

수익을 투명하게 공개하는 복권은 그나마 나은 편이다. 조작과 불법이 판치는 도박으로 돈을 벌 확률은 제로에 가깝다고 보면 된다. 오히려 가진 돈을 모두 잃기 십상이다. 이러한 사실을 청소년기에 미리 알려 준다면 아이들이 한탕주의에 빠지지 않고, 좀 더 건설적인 데에 시간과 노력을 기울이지 않을까 기대한다.

3장

경제개념 완성하기

규모의 경제: 왜 마트는 슈퍼보다 물건이 저렴할까?

실생활 주변의 사례를 들어 경제교육을 하면 효과적이다. 그러나 교사가 가지고 있는 경험과 아이들이 가지고 있는 경험은 다르다. 교사가 자신의 경험을 학생들에게 주저리주저리 이야기하는 것은 학생들 입장에서는 여간 곤욕이 아닐 수 없다. 학생들이 경험했던 일이나 관심 있는 것을 사례로 들어서 설명하려면 교사의 노력이 필요하다. 가족끼리 있을 법한 사례나 소재, 학교 주변에서 벌어지는 일들, 친구들과의 일 등을 사례로 들면 아이들의 눈빛부터 달라진다.

교사가 규모의 경제를 설명하려면 자신의 경험과 지식을 동원하여 설명하는 것이 가장 편하다. 공장에서 생산을 하려면 재료가 필요한데 재료를 한꺼번에 더 많이 더 꾸준히 사들일수록 도매로 물건을 받을 수 있어서 생산단가가 내려가고 그만큼 판매단가와 차이가 생기면서 마진이 좋아진다고 설명을 하면 중학생을 포함하여 어린 아이들은 선생님이 무슨 말을 하는지 관심 없어 할 것이다.

사례를 아이들 수준에 맞추어 보자. 초등학생에게 규모의 경제를 설명하는 방법이다.

교사: 음료수 한 개를 사려면 어디로 가지?

학생: 편의점으로 가요.

교사: 왜 편의점으로 가니?

학생: 가깝기도 하고, 한 개만 사라고 하셨잖아요.

교사: 그럼 6개를 사려면 어디로 가니?

학생: 큰 슈퍼나 마트로 가면 더 싸요.

교사: 그것을 어떻게 알았니?

학생: 부모님 따라서 장을 보러 가는데 마트에 있는 음료수는 묶음으로만 팔아요. 대신 편의점에서 사는 것보다 더 싸요.

교사: 얼마 정도 더 싼지 알 수 있니?

학생: 한 묶음의 가격에서 6을 나누면 한 개당 가격을 알 수 있어요. 저번에 보니 삼천 원이었는데 한 개당 500원꼴이네요. 그런데 편의점에 갔더니 한 캔에 1,000원이었어요.

교사: 그러면 재료를 더 싸게 사려면 어떻게 하면 될까?

학생: 작은 곳보다는 한꺼번에 많은 양을 파는 큰 데로 가서 사야

할 것 같아요.

교사: 그래. 이걸 규모의 경제라고 한단다.

규모의 경제는 이처럼 주변에서 흔히 볼 수 있다. 규모의 경제 원리를 알면 전통시장과 대형마트의 경쟁에서 왜 대형마트가 유리한 상황인지도 이해할 수 있다. 시장 상인들은 지역 도매상에게 물건을 사서 소매로 판다. 하루에 팔 수 있는 양이 적기 때문에 도매상으로부터 많은 양을 살 수가 없어 단가가 비싸다. 그런데 시장에 오는 손님이 계속 줄기 때문에 단가는 계속 올라간다.

반면에 대형마트는 전국에 수백 개의 지점이 있고, 한 지점이 파는 물건이 지역 도매상보다 많을 때도 있다. 그러니 물건을 지역 도매상에게 받는 것이 아니라 전국에서 가장 큰 경매장에서 낙찰받는다. 아니면 아예 직접 농장과 정기계약을 맺거나 하청업체에서 자체 브랜드물품을 생산해서 전국 최저가로 물건을 받아 온다. 그리고 판매가는 시장보다 약간 더 낮은 수준으로 맞춘다. 판매량도 압도적으로 많은데 이윤도 엄청나니 구조적으로 전통시장이 대형마트를 이길 수 없는 상황이 되었다. 결국, 규모가 큰 기업이 규모가 작은 영세 기업들보다 훨씬 유리한 위치에 있고, 영세 기업들은 점점 사라질 수밖에 없다.

문제는 규모의 경제가 여기뿐만 아니라 서민경제 곳곳에 침투해 있다는 것이다. 일명 브랜드라고 불리는 프랜차이즈 업체가 골목상권을 장악해 나가고 있다. 프랜차이즈는 일반 자영업자보다 유리한

점이 많다. 홍보, 재료, 조리, 인테리어, 이벤트, 신메뉴 개발 등을 본사에서 다 해 주기 때문에 판매에만 신경 쓰면 된다. 재료도 본사에서 대량으로 싸게 사서 지점에 보내 주니 신선한 재료를 좀 더 싸게 받아올 수가 있다.

반면에 일반 가게들은 혼자 홍보, 재료 구입, 조리, 인테리어, 메뉴 개발 등을 해야 한다. 열심히 해도 대규모의 프랜차이즈를 이기기가 쉽지 않다. 그래서 프랜차이즈가 거의 대부분의 업종을 장악하고 있다. 전통 프랜차이즈 텃밭인 치킨, 커피전문점, 음식점뿐만 아니라 이제는 분식점까지 프랜차이즈의 영역이 넓어지고 있다.

규모의 경제가 무서운 이유 중 하나는 새로운 경쟁자가 등장하기 어렵다는 것이다. 예를 들어 새로운 대형마트를 출점하려고 한다고 생각해 보자. 이미 전국에 수백 개를 운영하는 경쟁자들은 엄청나게 싼 가격으로 물건을 들여오고 있는데, 점포를 하나씩 늘려 가면서 단가를 낮추다가는 심각한 수준의 적자가 생길 수밖에 없고, 결국 경쟁자들만큼의 규모를 갖추지 못할 것이다. 그래서 대형마트는 신규 진출보다는 기존의 대형마트를 인수해서 한 번에 뛰어드는 경우가 많다.

그럼에도 불구하고 가맹점을 받는 커피전문점, 치킨, 음식점 등은 새로운 경쟁자가 꾸준히 등장한다. 점포를 차리는 데 본사의 자본을 투자하는 것도 아니고, 가맹점을 차리는 데도 비용도 얼마 들지 않기 때문이다. 수많은 가게가 생기고, 치열하게 경쟁하고, 또다시 수많은 가게가 문을 닫고 있다.

치킨게임: 한 쪽이 죽을 때까지

치킨게임이라는 단어를 뉴스에서 들어본 적이 있을 것이다. 우리 기업들이 잘하는 전략 중에 하나고 이 전략을 통해서 반도체가 세계 1위를 장기간 유지하는 비결이기도 하다. 치킨게임이란 두 명의 운전자가 서로를 향해 달려가면 충돌을 피하기 위해 누군가는 핸들을 꺾어 피하게 되는데 이때 피하는 사람이 지는 게임이다. 만약 서로 지지 않으려고 핸들을 꺾지 않으면 둘 다 죽는다.

기업에서도 규모의 경제 원리를 활용해서 치킨게임을 한다. 예를 들어 우리나라에 A, B, C 세 개의 화장지 회사밖에 없다고 하자. A가 B, C를 이기기 위해서 생산량을 3배로 늘리고, 그만큼 종이도 더 싸게 사오기 시작했다. 재료를 저렴하게 사와서 생산단가가 200원이 낮아져서 판매단가도 200원을 낮출 수가 있게 되었다. 그리고 더 싼 가격으로 물건을 주겠다며 B와 C 거래처를 뺏어서 점유율을 늘려 간다. 처음에는 팔 곳이 없어서 재고가 쌓였지만 점차 거래처가 늘면서 재고도 줄어들기 시작한다. 반면에 B와 C는 팔 곳이 줄어들어 재료도 더 적게 사야 하고 생산단가가 100원이 늘어나서 판매가격도 100원을 올린다. 그러니 물건이 더 안 팔리고 점차 쇠퇴하게 된다.

이렇게 A의 승리로 끝날 수도 있고, B와 C가 같이 죽자면서 모두 생산량을 3배로 올리고 생산단가를 200원 낮추고, 판매단가는 300원씩 낮춰 A보다 더 싸게 팔수도 있다. 그러면 생산 과잉으로 재고가 쌓여가고 A, B, C 모두 판매가격을 더 낮춰서 누군가가 망할 때까지 가격 경쟁을 펼치게 된다. 그러면 치열한 전투 끝에 최후의 승자만 살아남을 때까지 가격은 계속 내려간다. 대신 살아남은 최후의 한 기업은 생산량을 늘리고 판매가격을 마음껏 올려 이익을 독식하게 된다.

현재 소셜커머스 업체와 온라인쇼핑 업체가 서로 치열한 혈투 중이다. 이 중 고객 800만 명을 보유한 업계 1위인 A기업은 매년 5천억 원씩 3년째 적자를 보고 있다. 타이어 업체는 이런 치열한 경쟁 끝에 국내에 딱 세 업체만 남아서 승리를 독식 중이다. 반도체도 마찬가지로 전 세계의 반도체 기업들이 대부분 망하고 국내 업체 두 곳이 승리의 열매를 먹고 있다.

그런 의미에서 전통시장이 모두 망하고, 대형마트 한두 개만 승리를 독식하게 된다면 과연 물건들이 지금처럼 싸게 유지될지는 알 수 없다. 적당한 경쟁이 균형을 이루면서 지속되는 것이 고객의 입장에서도 좋다.

교실에서의 적용

창업동아리나 음식판매 프로젝트 수업을 할 때, 규모의 경제를 적용해 볼 수가 있다. 아이들이 마트로 음식 재료를 사러 간 적이 있는데 치즈 50장을 사기 위해서 마트에 갔더니 20장 단위로 파는 치즈는 너무 비쌌고, 100장 단위로 파는 치즈는 값이 싼 대신 50장을 불필요하게 더 사야 하는 일이 발생했다. 그래서 아이들은 어떤 선택을 했을까?

많이 사면 더 싸다는 것을 알았기에 치즈를 사야 하는 다른 모둠과 같이 100장짜리 치즈를 싸게 사서 반을 나눠 50장씩 가졌다. 그렇게 원가를 절감할 수 있었다. 절감된 원가만큼 두 모둠은 판매가격을 더 낮출 수가 있었고, 다른 모둠들보다 가격 경쟁력을 갖출 수가 있었다. 사업보고서를 발표할 때, 이런 이야기를 두 모둠으로부터 들을 수 있었는데 한 모둠은 규모의 경제뿐만 아니라 자유무역협정(FTA)의 장점까지 연결하여 설명했다.

A와 B 두 나라가 서로 FTA를 맺어 서로 세금 없이 재료를 사고판다면 두 나라는 각자 더 저렴한 물건을 만들어 전 세계로 팔게 되므로 다른 나라들보다 무역에서 더 유리한 위치에 서게 된다는 것이다. 그러자 부산에서 전학 온 어떤 아이는 수산시장을 예로 들어 FTA를 보충하여 설명했다. 부산에 가면 수산시장이 몰려 있는데 공동으로 경매를 받아 생선을 나눠서 갖기 때문에 고객들에게 더 싸게 회를 팔 수가 있다고 했다.

이렇게 규모의 경제로 시작해서 이야기를 풀어 가다 보니 아이들이 자신들이 경험했던 사례를 규모의 경제와 연결시킬 수 있었다. 경제교육은 자신의 경험에 개념을 적용할 수 있어야 비로소 완전히 이해했다고 볼 수 있다. 그래서 아이들의 이해를 확인할 수 있는 발표나 소감문이 중요하다.

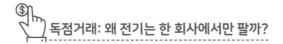

독점거래: 왜 전기는 한 회사에서만 팔까?

앞에서 '전통시장과 대형마트가 다 사라지고 딱 한 업체만 살아남으면 과연 그 기업이 지금처럼 싼 가격을 유지할까?'라는 의문을 제기했었다. 과연 그럴까? 분명 기업은 마음대로 가격을 결정하고 싶을 것이다. 하지만 완전한 독점을 이루었음에도 가격을 마음껏 올리는 기업은 주변에서 볼 수 없다.

콜버그의 도덕발달이론에 사례로 나오는 하인츠 이야기는 죽어가는 아내를 살릴 약이 있는데 이 약을 만들 수 있는 회사가 한 곳이라 말도 안 되는 가격으로 약을 판매하고, 돈이 없는 하인츠는 결국 약을 훔쳤다는 내용이다. 영화 〈연가시〉에서도 이런 비슷한 소재로 갈등 상황을 만들었다.

하지만 대부분의 독점업체들은 가격을 마음껏 올리지 않는다. 왜 독점기업이면서도 가격을 함부로 올리지 않을까? 여기에는 여러 사연이 있다.

첫째로 국가의 존속에 꼭 필요한 사업, 즉 국책 사업을 하는 독점업체는 대부분 국가가 소유한다. 예를 들어 전기를 국가가 판매하지 않고, 한 개인이 독점해서 판매한다고 생각해 보자. 지금의 전기료가 10배 넘게 올라갈지도 모른다. 국민의 생활에 치명적일 수 있는 기업들은 국가가 직접 운영함으로써 물가를 낮추는데 큰 역할을 하고 있다. 우리나라의 경우 담배, 전기가 이에 해당된다.

둘째로 새로운 경쟁자가 나타날 수 있기 때문이다. 만약 하인츠 이야기처럼 약을 10배가 넘는 2,000달러에 판다면 다른 제약업체들이 기를 쓰고 연구해서 약을 개발해 낼 것이고, 그럼 이제는 2,000달러에 팔 수 없게 된다. 약을 500달러 정도의 가격으로 판매했다면 경쟁 업체도 이익이 크지 않으므로 굳이 개발을 하지 않으려 했을지도 모른다. 그렇게 된다면 이 업체는 장기간 홀로 독점이익을 누릴 수 있다. 즉, 기업들이 새로운 경쟁자를 만들지 않기 위해서 가격을 적당한 수준으로 유지하기를 원할 수도 있다는 뜻이다.

셋째는 법으로 규제를 하고 있기 때문이다. 규모의 경제로 한 업체가 시장을 장악하면 국가는 규제를 해서 가격을 함부로 올리지 못하도록 제한한다. 예를 들어 과자 업계에서 절대적인 위치를 차지한 A라는 기업이 치킨게임을 벌여 나머지 B, C, D 업체를 망하게 하면 독점이 되어 가격을 마음껏 올릴 수 있을 것 같지만 국가에서는 국민의 피해를 막기 위해 이를 허용하지 않을 것이다. 오히려 나머지 업체들과 적당히 경쟁하면서 가격을 조금씩이나마 마음껏 올리는 것이 A업체로서는 더 유리할 수 있다. 그렇게 하려면 적당히 점유율을 유지하면서 가격을 찔끔찔끔 올리는 것이 최선의 선택이 된다.

이를 몇 개 업체가 시장을 장악한 독과점시장이라고 하는데 독과점시장도 국가의 규제가 있으나 독점시장보다는 덜하다. 대표적인 독과점시장이 통신업체다. 국내 3개 업체가 인터넷, 무선, 유선 통신 시장을 다 가지고 있다. 그래서인지 한 가족이 쓰는 생활비 중 통신비가 큰 비중을 차지한다. 4인 가족이 휴대폰과 인터넷, TV요금으로 한 달에 30만 원씩 쓰는데 전국의 모든 가족이 이 3개 회사에 30만 원씩 매달 입금시켜 주고 있는 셈이다. 어쩌면 국가에 내는 세금보다 더 많은 비용을 통신비로 내고 있는지도 모르겠다.

독점거래의 폐단과 《원숭이 꽃신》

국어책에 《원숭이 꽃신》이라는 우화가 등장한다. 맨발로 다녀도 되는데 굳이 원숭이가 무료로 주는 꽃신을 신다 보니 굳은살이 사라지고 발이 부드러워지면서 점차 맨발로는 산을 다닐 수가 없게 된다. 꽃신을 만들 줄 모르다 보니 나중에는 원숭이가 부르는 가격대로 살 수밖에 없는 형편이 되었다가 결국에는 원숭이의 노예가 된다는 이야기다. 동물에 빗댄 우화이지만 현재 독점시장, 독과점시장을 빗대어 꼬집은 풍자이기도 하다.

통신을 예로 들었지만 우리는 수많은 부분에서 독점과 독과점을 접하고 있고, 이 때문에 많은 생활비를 지출하게 되고, 생계를 유지하기 위해 외벌이로는 부족해 맞벌이를 해도 빡빡한 삶을 살고 있다. 예전에는 외벌이로도 다들 잘 먹고 살았는데 지금은 맞벌이를 해도 돈이 부족한 신기한 현상이 벌어지고 있다.

단순하게 생각해 보면 된다. 20년 전과 지금을 비교하면 물가는 10배 이상 오른 것이 많은데 월급은 5배도 오르지 않았다. 당연히 맞벌이를 해도 돈이 부족할 수밖에 없다. 생각해 보면 그때 월급 기준에 비해 과도하게 비싸진 것들이 많다. 아파트 가격이 치솟았고, 통신비도 큰 비중을 차지하게 되었다. 기름값도 오르고, 자동차 가격도 올랐는데 한 집이 보유한 차량의 수도 늘어나면서 자동차 구입비, 기름값, 보험료, 유지비 등이 늘어났다. 화장품, 의류 가격도 예전에 비해 크게 올라서 생활비에서 차지하는 비중이 커졌다.

다시 본론으로 들어가서 독과점인 업종을 살펴보자. 과자, 음료, 주류, 통신, 정유, 자동차, 스마트폰, 가전, 라면, 마트, 택배, 인터넷, 서점, 영화관, 홈쇼핑, 온라인쇼핑, 편의점, 전자 등 셀 수도 없이 많다. 택배를 제외한 이 업종들은 20년간 적당히 경쟁하며 가격을 끊임없이 올렸다. 그리고 현재 물가 상승의 주범이기도 하다.

《원숭이 꽃신》을 읽으며 국어 관련 활동도 좋지만 여기에 더해서 독점, 독과점 기업에 대해 조사해 보고 본인의 생각을 발표하고, 토론 활동으로도 이어지면 훌륭한 국어·사회 통합수업이 될 수 있을 것이다.

화폐: 돈, 이전에는 무엇이 돈이었을까?

화폐가 왜 생겨났는지 설명할 때 역사 수업과 같이 하면 좋다. 구석기에는 돈이 없었다. 빙하기라서 한 곳에 정착하지 않고 먹을거리를 찾아 이동을 하면서 사냥을 해서 먹고 살았다. 먹을거리가 늘 부족해서 항상 배고팠고, 비축이라는 개념이 존재하지 않았다. 씨가족 문화로 평등한 사회였고, 그 밑바탕에는 먹을 것이 없기 때문에 평등이 존재할 수 있었다. 먹을 것이 있어야 이를 차지하려고 서열이 생기는데 애초에 추위와 가난에 허덕였기 때문이다. 공동사냥, 공동채집이기 때문에 한 명이라도 일할 수 있는 노동력이 소중한 상황이었다.

　신석기로 넘어가면서 농사를 시작했고, 가축을 키우면서 정착생활로 바뀌었다. 이때부터 문명이 급속도로 발전하기 시작했다. 이동을 하지 않다 보니 시간이 더 여유로워졌고, 장신구에 관심을 가지며 수공업이 시작되었다. 장신구는 주로 조개를 가지고 만들었는데 조개의 은은한 빛깔과 가공하기 좋은 적당한 두께는 그 당시에는 가장 고급스러운 재료가 아니었을까 싶다. 그래서 조개는 화폐의 기능을 하기보다는 보석의 재료로 쓰이지 않았을까 추측된다. 더욱이 신석기는 농사를 짓는다고는 하지만 기술이 떨어져 아직도 배가 고픈 상황이었다. 먹고 남는 생산물이 있어야 이를 비축하고, 거래를 하면서 화폐가 생기고, 계급이 생겨나는데 아직 신석기는 가난했다.

　청동기로 넘어가면서 농사기술이 좋아지고, 잉여생산물이 생기는 축복과 계급이 생겨나는 불행이 같이 시작되었다. 누군가가 부족장이 되면 누군가는 노예가 되었다. 이런 문화 속에서 사유재산이 생겨났고, 화폐가 등장하지는 않았지만 물물교환이 발생했을 것으로 보인다.

　메소포타미아 지역에서 기원전부터 귀금속 덩어리를 화폐로 사용하다가 기원전 600년경에 터키 지역에서 최초의 금과 은을 섞은 주화가 발견되었다. 그러다 로마시대에 들어가면서 주화를 통한 화폐경제가 크게 부흥하게 되었다. 무역이 활발한 곳에서 화폐가 등장했고, 널리 쓰였다.

　반면 우리나라는 화폐가 널리 쓰이지 못했다. 대외무역을 하는 경

우에는 쓰였으나 국내 상업이 발달하지 못한 관계로 조선후기까지
도 화폐 대신 쌀과 포목이 널리 쓰였고, 조선 후기가 돼서야 장시(場
市)의 발달로 상평통보가 널리 쓰이게 되었다.

국제사회에서는 금과 은이 화폐의 기준이었다. 무게 대비 가치가
가장 높은 것이 금으로 이를 동전처럼 만들어 거래의 단위로 썼다.
근세에 이르러서 금을 보유한 만큼 금 보관증서가 화폐로 발전이 되
었다. 이를 금 본위제라고 한다. 금 본위제는 1970년까지 유지되었
을 정도로 인류역사상 화폐로서 가장 오랜 시간 그 지위를 누렸다.
그러다 1971년에 금 본위제가 폐지되고, 국가 신용과 달러보유액을
기준으로 각 나라의 화폐를 비율로 산정해 교환해서 사용하고 있다.
이를 환율이라고 한다. 현재 환율의 기준이 되는 돈은 미국의 화폐
인 달러이다.

화폐와 환율의 관계

한 나라의 화폐 가치를 보증하는 곳은 해당 국가이다. 만약 그 나
라가 전쟁이나 재해로 붕괴되거나 사라진다면 그 나라 화폐의 가
치는 바로 휴지가 된다. 그 화폐가 그 나라에서 쓰일 수 없기 때문
이다. 그래서 화폐는 국가가 존재하기 때문에 지금의 가치를 유지
할 수 있는 것이고, 나라의 상황에 따라서 화폐의 가치가 달라지기
도 한다. 자국의 화폐를 많이 공급하게 되면 화폐의 가치가 하락하
게 된다. 금리를 올리거나 내려도, 화폐의 유입량과 유출량이 변하
기 때문에 환율이 변하게 된다.

그래서 각 나라는 화폐공급과 금리를 조절해서 자국의 환율을 적정한 수준으로 조절하려고 노력한다. 자국의 화폐 가치가 하락하면 환율이 오르기 때문에 수출 기업에 유리해진다. 반면 수입 기업에는 불리해지고 물가가 오르기 때문에 환율을 너무 올리는 것은 바람직하지 않다. 또한 인위적으로 국가가 환율을 조작해서 무역흑자를 내는 것은 다른 국가의 눈총을 받게 되고, 이는 무역보복으로 이어질 수 있다. 또한 화폐 가치가 하락하게 되면 물가 상승으로 이어지게 된다. 제품 가격이 올라 생활물가가 오르고, 부동산 가격이 오르고, 임대료, 인건비가 모두 올라 가계와 기업에 큰 타격을 줄 수 있기 때문에 화폐 가치가 급격히 변하는 것은 매우 안 좋은 일이다.

기축통화는 왜 달러일까?

세계에서 가장 많이 쓰이는 돈은 미국의 화폐인 달러이다. 어느 나라에 가더라도 달러가 있으면 쉽게 그 나라 돈으로 바꿀 수 있고, 굳이 환전을 하지 않아도 달러로 결제해 주는 나라도 있다. 대부분의 나라들이 외환보유고에 달러를 집중적으로 보유하고 있고, 중동에서 원유를 살 때에도 달러는 유일한 결제 수단이다. 즉, 세상의 중심이 되는 돈, 환율의 중심이 되는 돈이고, 우리는 이를 기축통화라고 한다.

그런데 언제부터 기축통화가 달러였을까? 달러가 기축통화가 된 것은 그리 오래되지 않았다. 금 본위제 시절에는 금이 무역에서 거래되는 화폐의 역할을 했다. 1, 2차 세계 대전 이후에 미국이 전쟁

물자 판매로 막대한 부를 쌓게 되고, 무역의 중심으로 떠오르면서 자연스럽게 달러가 기축통화가 되었다.

미국은 기축통화국의 자리를 유지하기 위해 대부분의 나라와 무역을 하고, 적자를 본다. 미국이 적자를 봄으로써 각국에 잉여 달러가 생기고, 이 잉여 달러로 무역 거래를 함으로써 달러를 국제 무역 화폐로 성장시켰다. 무역에서 적자를 보면서도 미국이 망하지 않는 이유는 경제 자체가 튼튼하기도 하지만 달러를 생산·공급할 수 있는 유일한 국가이기 때문이기도 하다.

미국의 경제가 흔들릴 때마다 금이나 중국의 위안화, 일본의 엔화, 유럽의 유로화가 기축통화의 자리를 차지할 것으로 예상했지만, 달러의 독주는 한동안 지속될 것으로 보인다.

가상화폐 토론 수업

가상화폐는 기존 화폐의 개념을 뛰어넘는 것으로서 새로운 화폐의 표준이 될 수 있다. 블록체인 기술을 기반으로 시스템 네트워크, 보안성, 확장성을 가진 가상화폐는 신용기반인 기존 화폐를 뛰어넘을 것으로 예상하고 있다. 대표적인 가상화폐로 비트코인이 있다. 비트코인으로 물건을 살 수 있는 곳이 늘어나고 있는 만큼 화폐로서 인정을 해야 한다는 발언이 강해지고 있다. 반면에 가상화폐는 국가가 그 가치를 보증하는 신용이 없기 때문에 화폐로서의 가치가 없다고 주장하는 사람도 많다. 이러한 논란이 커지고 있는 와중에도 가상화폐의 종류는 계속 늘어나고 있으며, 낙관론자와 비관론자 모두 많아지고 있는 추세로 의견이 팽팽하다.

학생들에게 가상화폐를 화폐로 인정해야 하는지에 대해서 찬성과 반대로 나뉘어 토론을 진행해 본다면 화폐의 개념을 다시금 일깨워 줄 수 있는 좋은 수업이 될 수 있을 것이라 본다.

복리: 부자가 되는 저축 비법

요새는 금리가 낮아서 저축의 중요성을 강조해도 아이들의 가슴에 별로 와닿지 않는다. 하긴 어른들도 굳이 저축을 해야 하는지 의문을 갖고 있는데, 이율을 떠나서 어린 아이들에게 저축은 흥미 없는 존재일 수밖에 없다.

그런 아이들에게 저축의 중요성을 일깨워 주기 위해서 복리의 법칙을 설명해 주고 있다. 복리로 투자하면 당장은 큰 차이가 없지만 뒤로 갈수록 돈이 급속도로 불어나기 때문이다.

복리의 가치 = 원금×(1+이율)^n(n=기간)

복리를 아주 쉽게 설명하면 원금이 이자를 낳듯이 이자도 이자를 낳는다는 이야기다. 고조할아버지가 6명의 증조할아버지를 낳고 이후로 자손들이 모두 6명의 아들을 낳는다고 가정하면 6명의 증조할아버지는 36명의 할아버지를 낳고, 36명의 할아버지는 108명의 아버지를 낳고, 108명의 아버지는 648명의 나를 낳는다. 처음에는 이 자가 작아 보이지만 이자가 이자를 낳으면서 돈이 눈덩이처럼 불어 나는 것이 복리의 특징이다. 복리는 시간이 지날수록 가치가 커진다.

실제로 세계에서 가장 비싼 땅 중 하나인 맨해튼을 1626년 네덜란 드 이민자들이 원주민으로부터 24달러의 물건을 주고 샀다. 1989년 에 맨해튼 토지가격이 600억 달러로 추정된다. 그럼 땅 가격이 정말 엄청나게 오른 것일까? 전혀 그렇지 않다. 맨해튼 땅을 24달러를 준 것은 그 당시 가격으로 싸게 산 것이 아닐 수도 있다.

복리로 계산을 해 보면 그 당시에 24달러를 8% 이자를 주는 복리 예금에 투자했다면 같은 기간에 600억 달러가 아니라 32조 달러가 되어 있었을 것이다. 즉, 가장 비싼 땅이라는 맨해튼 조차도 8% 복 리 이자만도 못했다고 볼 수 있다. 그래서 우리는 굳이 욕심을 부릴 필요 없이 복리를 주는 곳에 장기 투자하는 것이 나중에 부자가 될 수 있는 지름길이라는 사실을 알 수 있다. 지금 당장의 커다란 수익 률의 환상에서 벗어나 작더라도 꾸준한 복리에 투자해야 한다.

그러나 은행의 예금이나 적금은 대부분 단리이자를 준다. 그래서 생각만큼 돈이 크게 불지 않는다. 매년 100만 원을 연 4%의 수익률 에 투자한 경우 단리냐 복리냐에 따라서 결과가 완전히 달라진다.

(단위: 만 원)

구분	현재	10년	20년	30년	40년	50년
단 리	100	140	180	220	260	300
복 리	100	148	219	324	480	710

표1. 단리와 복리 비교

은행 예금이 단리이기 때문에 1년짜리 예금을 가입하고, 원금과 이자를 찾으면 그대로 다시 넣어 1년 뒤에 원금과 이자와 이자의 이자를 찾아 다시 예금에 넣는 식으로 스스로 복리 투자를 하거나 아니면 복리예금을 주는 은행을 찾아 가입하는 것이 좋다. 예를 들어, 교직원공제회 장기저축의 경우 복리이자를 주고 있다. 부동산이나 주식에 투자하는 것도 복리투자로 볼 수 있다. 주식으로 세계 2위 부자가 된 워런 버핏도 연 30%의 수익률이지만 꾸준히 복리투자가 되었기 때문에 이런 부를 유지하게 된 것이다. 1억 원을 연 30% 상승하는 주식에 투자했다고 가정하면 30년 뒤에는 약 2,700억 원이 된다. 왜 그가 세계 2위의 부자가 될 수밖에 없었는지 알 수 있는 부분이다.

　복리가 부를 가져다 주는 비법이라고 했는데 반대로 빚도 복리이기 때문에 빚을 한 번 지게 되면 빚의 늪에서 빠져나오기가 힘들다. 우리가 잘 아는 마이너스 통장은 매달 이자에 또 이자가 붙는 월복리다. 그래서 마이너스 통장을 오래 보유하면 일반 신용대출보다 더 빨리 빚이 늘어나게 된다. 신용등급이 낮은 사람들에게 빌려주는 일수대출이나 불법사채의 경우 높은 이자를 복리로 적용하기 때문에 한 번 돈을 빌리면 원금의 몇 배를 갚아야 해 빠져나오기 어려울 수밖에 없다. 워런 버핏이 연 30%의 수익률로 세계 2위 부자가 되었듯이 이 사례를 반대로 적용해 보자. 1억 원을 연 30% 복리로 빌리면 30년 뒤에는 2,700억 원을 갚아야 한다.

　복리를 이해하지 못하면 제대로 된 경제교육을 할 수 없다. 그래서 어린 나이일수록 빚지지 말고, 어릴 때부터 저축하는 것이 중요하다는 것을 복리를 통해 깨닫게 할 수가 있다.

신용: 양날의 검, 대출과 이자

금융기관의 종류는 다양하다. 시중은행과 지역은행, 증권사, 보험사, 캐피탈, 카드사, 저축은행, 금고, 조합, 사채 등 우리가 잘 모르는 금융기관까지 다양하다. 이를 크게 1금융권, 2금융권, 3금융권으로 나눈다.

1금융권은 우리가 익히 알고 있는 시중은행과 지역은행들이다. 우리가 주로 하는 예금, 적금, 저축, 청약, 대출 업무를 하는 곳이다. 저축 이율이 낮은 대신 대출시에도 이율이 낮은 편으로 신용도가 좋은 사람들은 대부분 1금융권을 이용한다.

2금융권은 보험사, 캐피탈, 카드사, 저축은행, 금고, 조합이다. 2금융권 역시 많은 사람이 활용하고 있어서 1금융권과 차이를 느끼기 어렵지만 자금 조달 방법에서 차이가 있다. 1금융권은 한국은행에서 돈을 빌려오는데 반해 2금융권은 자체적으로 마련한 돈을 고객들에게 빌려주기 때문에 대출이자가 1금융권보다 비싼 편이다. 마찬가지로 고객들의 자금을 끌어오기 위해 저축 이자도 1금융권보다 많이 주는 편이다.

3금융권은 ○○캐시, 일수 등으로 불리는 사채이다. 주로 돈을 빌려주는 역할을 한다. 신용도가 낮은 사람들이 주로 여기서 돈을 빌리며 이자도 가장 높은 편으로 현재 법정 최고금리는 연 27.9%이다. 이를 넘는 이율은 불법이며, 법이 개정될 때마다 지속적으로 낮아지고 있다.

1금융권의 이자가 가장 낮음에도 불구하고 2금융권이나 3금융권을 이용하는 사람들은 신용등급이 낮기 때문이다. 금융기관에서는 사람을 1~10등급으로 나눠서 평가하는데 신용등급이 높은 사람만 1금융권에서 돈을 빌릴 수 있다. 1금융권 내에서도 신용등급에 따라서 대출이율이 다르게 책정된다. 그래서 신용등급이 우수할수록 돈을 저렴하게 빌릴 수 있다.

2금융권은 1금융권에서 돈을 빌릴 수 없는 사람들이 주로 빌린다. 3금융권은 1, 2금융권에서 돈을 빌릴 수 없는 사람들이 돈을 빌리기 때문에 대출이자가 꽤 높다. 그래도 돈을 빌려주는 곳이 여기 밖에 없기 때문에 높은 이자를 내면서 살아가고 있다.

신용등급을 높이려면 어떻게 해야 할까? 우선, 돈을 잘 갚을 수 있는 능력인 소득이 필요하다. 꾸준하고 높은 소득은 돈을 갚을 능력을 나타내므로 신용에 큰 영향을 미친다. 그리고 돈을 잘 빌리고 잘 갚았다는 거래 기록이 있어야 한다. 도서관에서 책을 잘 빌리고 잘 갚는 학생은 책을 빌릴 수 있는 권수가 더 많고, 책을 연체한 기록이 있는 학생은 일정 기간 동안 책을 빌릴 수가 없다. 돈도 마찬가지다. 돈을 잘 빌리고, 잘 갚는 사람은 더 많이 더 낮은 이자로 돈을 빌릴 수 있지만 돈을 안 갚은 기록이 있는 사람은 신용이 나쁘기 때문에 돈을 빌리기가 어렵다. 혹은 빌리더라도 비싼 이자를 내야 한다.

애초에 돈이라는 것 자체는 휴지조각에 불가하다. 이 휴지조각에 신용을 담았기 때문에 화폐로서 가치가 있는 것이다. 우리도 살다 보면 믿음이 생기는 사람이 있고, 그렇지 않는 사람이 있다. 나라는 사람이 다른 사람에게 신용이 있는 사람으로 보인다는 것은 참 기쁜 일일 것이다. 그러므로 학생들에게 신용을 가르칠 때, 신용이 있는 사람이 되려면 어떤 방법이 있는지 도덕 교육과 연계해서 수업을 하면 좋다.

사기: 금융사기 예방교육하기

누군가에서 사기를 치기 위해서는 두 가지만 적절하게 활용하면 된다. 바로 욕심과 공포다. 탐욕을 불러일으키고, 공포로 겁을 줄 수만 있다면 그 사람을 자유자재로 컨트롤할 수 있다. 주변에 금융사기를 당한 사람들을 살펴보면 과한 욕심과 공포 때문에 쉽게 사기를 당했다는 것을 알 수 있다.

그래서 우리는 금융교육을 통해 욕심을 절제할 수 있는 마음과 공포에 휘둘리지 않는 냉철함도 가르쳐야 한다. 투자의 끝은 심리이듯이 심리에서 무너지면 어떤 일도 할 수 없다.

금융사기범들은 우리의 심리를 정확히 알고 흔든다. 우리가 가장 소중하게 여기는 것에 문제가 생겼다며 긴급한 상황을 만들고, 우리의 이성을 마비시키고, 공포감을 조성한다. 그다음에 말도 안 되는 일들을 지시한다. 통장의 돈을 모두 찾아서 일면식도 없는 사람한테 송금을 하라거나 안전한 은행을 놔두고, 지하철 사물함에 돈을 보관하라는 등 어이없는 지시에도 불구하고, 사람들은 순순히 따른다. 공포와 두려움으로 이성이 마비된 상태이기 때문이다.

이런 사기를 당해서 자신이 평생을 모은 큰돈이나 노후자금을 모두 잃는 사람들이 생긴다. 이런 금융사기는 노인들보다 젊은 사람들이 더 많이 당한다고 한다. 그러므로 우리 아이들이 어릴 적부터 금융사기 예방교육을 철저히 가르쳐야 한다. 어릴 적에 받은 교육은 잔상이 오래 남기 때문에 어른이 되어서도 금융사기에 넘어가지 않을 확률이 높아지기 때문이다.

금융사기의 대표적인 유형은 보이스 피싱이다. 전화로 낚는다는 뜻으로 전화를 통해 상대가 누군가와 통화를 하면서 이성을 차릴 기회를 주지 않고, 심리를 완전히 흔들어 버린 뒤, 송금이나 특정 장소로 보관을 유도하여 돈을 갈취한다. 방식이 다양하고 계속 수법이 진화하고 있으므로 지속적으로 관심을 가지고, 예방법을 알아야 한다. 보이스 피싱에 넘어가지 않는 방법은 전화로 누군가를 사칭하면 다시 관련 홈페이지로 접속해서 해당 담당자가 있는지 확인하고, 전화를 걸어 실제로 전화를 했는지 확인해 보는 것이다. 그리고 누군가가 은행에 있는 돈을 빼거나 어딘가로 보관하라는 전화는 100% 사기라고 생각하고 대응하는 것이 좋다. 어떠한 공무원도 국민 개인의 재산을 갑자기 전화를 걸어 어디로 송금하거나 옮겨 두라고 지시하지 않는다.

스미싱은 문자메시지로 낚는다는 뜻으로 문자를 누르면 소액결제가 되는 사기유형이다. '돌잔치, 청첩장' 등 확인할 수밖에 없는 문자를 보내기 때문에 낚일 확률이 꽤 높다. 스미싱을 방지하는 방법으로는 휴대폰 통신사에 전화를 하거나 어플을 켜서 소액결제 금액 한도를 낮추거나 소액결재를 금지하도록 설정하는 것이다. 그러면 소액결제 자체가 되지 않거나 적은 금액만 되기 때문에 이런 피해를 미리 방지할 수가 있다. 그리고 우선 출처를 알 수 없는 링크를 누르지 말고, 확인되지 않은 어플리케이션은 다운로드 받지 않는 것이 중요하다.

이렇게 금융사기 방법이 많은데 어떻게 아이들에게 예방법을 가르치면 좋을까? 금융사기의 다양한 유형과 사례를 알려 주고, 예방하는 방법을 아이들에게 교육해야 한다. 자녀가 납치됐다는 보이스피싱을 예방하려면 자녀가 부모와 연락이 언제든지 되어야 이런 피해를 막을 수가 있다. 학교에 있을 경우 교사에게 전화를 해서 자녀가 학교에 잘 있는지 확인할 수 있는 시스템을 갖춰야 하고, 아이들이 부모님의 전화를 잘 받을 수 있도록 교육을 시켜야 한다.

스미싱을 예방하기 위해서 자녀의 휴대폰과 부모의 휴대폰 모두 소액결제를 금지하거나 한도를 낮추도록 안내하고, 모르는 어플리케이션은 설치하지 말고, 모르는 링크도 절대 누르지 않도록 교육해야 한다.

이렇게 교육을 마친 후에는 아이들이 직접 금융사기 예방법을 홍보하는 시간을 갖는 것이 좋다. UCC로 찍어서 SNS나 인터넷에 올려 홍보를 해 보아도 좋고, 편지나 포스터를 작성해서 친구들에게 안내하는 방법도 좋다. 금융사기를 예방하는 가장 좋은 방법은 주변에 널리 홍보하는 것이다. 금융사기 수법에 대해 아는 사람이 많아질수록 금융사기가 먹히지 않게 되고, 이내 사라질 수 있으리라 생각한다.

스포츠: 스포츠로 배우는 경제

아이들이 좋아하는 것 중 하나가 체육 수업이고, 그중에서도 스포츠다. 월드컵 시즌에는 운동장에 축구공이 몇 개씩 날아다니고, 올림픽 시즌에는 여러 종목이 학생들의 관심을 받는다. 그만큼 아이들의 관심이 많기 때문에 스포츠를 예시로 들어 경제를 가르치면 더 쉽게 이해할 수가 있다.

〈머니볼〉이라는 영화가 있었다. 야구에 경제학이라는 개념을 최초로 들여온 구단의 이야기를 담은 영화로 최소 비용으로 최대 효과를 창출할 수 있다는 것을 보여 주었다. 훌륭한 선수지만 치명적인 문제를 하나씩 갖고 있어 연봉이 낮은 선수들을 데리고 와서 그 문제를 해결할 수 있는 포지션에 고르게 배치해서 최대 효과를 보았다는 내용으로 단점이 있어도 장점을 최대한 활용하면 된다는 자존감 향상 교육과 더불어 경제학적으로도 매우 의미가 있다.

모든 것이 완벽한 것은 비싸다

상처 하나 없고 당도가 높고, 빛깔이 선명한 사과는 매우 비싸다. 그런데 선물용이 아니라면 구태여 이런 비싼 사과를 사지 않아도 된다. 내가 맛있게 먹기 위한 사과는 당도만 높으면 그만이다. 상처가 좀 있고, 빛깔이 좋지 않아도, 신선하고 맛있기만 하면 된다. 살짝 상처난 사과를 사면 저렴한 가격으로도 충분히 맛있게 사과를 먹을 수 있다.

단점 없이 모든 것이 완벽한 운동선수는 몸값이 매우 비싸다. 모든 것이 완벽한 차와 집도 매우 비싸다. 기능, 디자인, 처리속도가 완벽한 스마트폰도 가격이 매우 비싸다. 그런데 우리에게 이런 비싼 것들이 꼭 필요할까?

최신형 스마트폰을 사는 사람들 중 대다수는 전화, 문자, 인터넷, 메신저 기능밖에 사용하지 않는다. 군이 기능과 처리속도가 우수한 스마트폰을 살 이유가 없는데도 남들이 사니까, 광고를 하니까 그냥 사는 경우가 많다. 기능이나 디자인, 속도 중 하나를 포기한다면 모든 것이 완벽한 최신형 스마트폰보다 더 싸게 사고서도 비슷한 만족도를 느낄 수 있을 것이다.

스포츠 마케팅

스포츠 자체에서도 경제와 관련된 것들을 많이 볼 수 있다. 프로선수들의 경기를 보면 선수들의 유니폼에 기업의 로고가 덕지덕지 붙은 것을 볼 수가 있다. 선수들이 로고가 달린 유니폼을 입음으로

써 기업으로부터 후원금을 받게 되고, 이를 통해 팀을 유지할 수 있다. 후원을 한 기업은 TV중계 등으로 광고 효과를 볼 수 있어 서로에게 이득이 된다. 실제로 모 타이어 회사는 연간 60억 원가량을 후원해서 1,000억 원 이상의 홍보효과를 본 것으로 집계되었다.

영국 프리미어리그 명문 구단인 첼시의 경우 모 기업과 3,400억 원에 5년 스폰서 계약을 맺었다. 해당 기업의 이름이 박힌 유니폼을 입고 뛰는 조건으로 연간 600억 원이 넘는 돈을 받는 것이다. 유럽의 명문 구단에서는 아시아에 자신의 구단 티셔츠를 팔기 위해 아시아 선수를 영입하기도 한다.

프로선수 경기를 보면 경기장 주변에 수많은 광고판이 붙어 있고, TV중계를 보려면 중간중간 광고를 봐야 하다. 경기장에 들어가기 위해 비싼 값을 주고 입장권을 사야 한다. 좌석도 등급에 따라서 가격이 10배 넘게 차이가 나기도 한다. 구단은 이렇게 벌어들인 수입으로 선수들 연봉과 구단 운영에 필요한 돈을 마련하게 된다.

선수를 팔아 구단을 유지한다?

티켓, 광고, 스폰서 수입으로 구단을 운영하기에는 돈이 부족하다. 프로야구의 경우 구단을 운영하려면 1년에 약 400억 원가량이 필요한데 앞에서 말한 수입으로는 운영이 빠듯하다. 그래서 구단을 보유한 기업이 후원금을 더 내서 적자를 메우는 경우가 많다. 기업으로 보면 홍보효과도 있겠지만 적자를 보면서 운영하는 경우가 대부분이다.

그런데 모기업이 없거나 어려운 상황이면 자기 팀의 선수를 팔아 구단 운영비를 마련하고 싶은 생각이 들 것이다. 그래서 돈이 필요한 구단은 선수를 팔아 돈을 마련하고, 팀의 전력을 강화하고 싶은 구단은 돈을 들여 선수를 사오게 된다.

팀의 성적이 좋아질수록 기업의 홍보효과는 더 커지게 되므로 좋은 선수를 잘 사오면 그 효과를 톡톡히 볼 수 있다. 그래서 유럽의 어느 축구팀은 선수를 데리고 오기 위해 상대팀에 이적료로 3,000억 원을 지불한 사례도 있다. 그러나 너무 비싼 가격에 선수를 사오면 적자가 날 수도 있다.

유망주는 로또 복권?

돈이 많은 구단이든 없는 구단이든 목표는 우승이기 때문에 팀의 전력을 강화시켜야 할 의무가 있다. 그래서 경제적인 운영을 하는 팀은 주로 유망주를 키우거나 사오고, 돈이 많은 팀은 상대팀의 에이스를 거금을 들여 영입하는 전략을 선택한다. 그러면 둘 중에 어떤 전략이 더 효과적인 전략일까?

유망주는 앞으로 성장 가능성이 높은 선수로 팀의 에이스급으로 성장해서 팀의 미래를 책임져 주거나 차후 비싼 이적료로 팀에 보상을 해 줄 수도 있다. 하지만 생각보다 성장이 더디거나 부상으로 인해 팀에 도움이 되지 못할 가능성도 크다. 그래서 유망주는 이적시 비용이 저렴한 편이나 확률을 알 수 없는 도박에 가깝다.

반대로 상대팀의 우수한 선수를 데려오면 확실히 우리 팀의 전력에 도움이 되는 것이 예상되지만 이적료나 자유계약(FA) 비용이 현재 실력보다 비싼 경우가 많다. 그래서 이적 후 기대했던 것만큼 실력이 나오지 않아 실망하는 경우가 많다.

FA로이드 효과는 진짜 있을까?

인기 종목 스포츠는 FA가 존재한다. 한 구단에 일정기간 소속되어 있는 동안에 다른 팀으로 이적하게 되면 구단이 이적료를 가져 가기 때문에 실제로 선수가 얻는 소득은 크지 않다. 그런데 일정기간이 지나면 혼자서 구단과 자유롭게 계약을 맺을 수 있는 권리가 생기기 때문에 이적료가 발생하지 않는다. 그래서 연봉 외에도 막대한 계약금을 받게 된다. 프로야구의 어떤 선수는 4년 계약에 150억을 받는 대박 FA를 체결하기도 했다.

그래서인지 FA가 되기 직전 해에는 선수들이 예년보다 훨씬 더 높은 성적을 보여 주는 경우가 많다. 이를 FA로이드 효과라고 한다. 근육을 강화하는데 효과가 있지만 금지약물인 스테로이드와 FA를 합성한 말이다. 그만큼 특정 시기만 되면 선수들이 실력이 좋아지기에 나온 말이다. 아마 아파도 티를 내지 않고, 열심히 출전해서 튼튼하고 실력 좋은 선수라는 것을 어필하려고 하기 때문일 것으로 추측된다.

반대로 FA를 체결하고 나면 예전만큼 실력을 보여 주지 못하거나 잦은 부상이 일어나는 모습을 볼 수 있다. 아무래도 아픈 것을 참아가며 뛰어도 얻을 수 있는 보상이 이전처럼 크지 않기 때문일 수도 있을 것이다. 이를 FA먹튀라고 부르기도 한다.

주식: 주식회사 개념 알기

주식이라는 것은 그 회사의 지분을 말한다. 예를 들어 A라는 회사의 주식이 100주가 있는데 내가 이 회사의 주식 1주를 가지고 있다면 나는 이 회사의 1% 지분을 가지고 있는 것이다. 이는 1%의 의결권과 회사의 자산을 가지고 있다는 말이 된다.

그런데 혼자서 회사를 소유하면 될 것을 왜 여러 사람이 나눠 갖는 주식을 만들어 냈을까? 이 이야기는 중세시대가 끝난 유럽으로 건너가 설명해 보도록 한다. 때는 중세시대가 끝나고 상인들이 무역을 통해 부를 쌓고, 이들이 낸 세금으로 왕은 강력한 왕권을 유지하는 대항해시대가 열린 시기다. 십자가 전쟁으로 인도로 가는 무역길이 끊긴 유럽은 바닷길을 통해서 항로를 개척하고, 후추와 차, 보물을 찾기 위해 탐사대를 보내기 시작한다.

탐사대를 꾸리려면 큰 배와 식량, 무기, 선원 그리고 능력 있는 선장이 필요하다. 엄청난 돈이 들어가는 사업인데 항로를 찾아내면 큰 수익을 낼 수 있다. 하지만 찾아내지 못한다면 투자한 돈을 모두 날리게 된다. 그래서 사람들은 여러 명이 돈을 모아 탐사대를 보내고 수익을 나누기로 약속한다. 그러면 수익을 얻으면서도 위험을 줄일 수 있게 된다. 100억 원을 한 배에 투자하는 것보다는 1억 원씩 100대의 배에 투자하는 것이 훨씬 더 안정적이기 때문이다. 이것이 주식의 시작이다.

한 회사의 주식 지분을 50% 넘게 소유하면 이 기업의 지배권을 완벽하게 소유한 과점주주가 된다. 기업을 운영하는데 있어서 모든 결정을 내리고 지시할 수 있다. 선거에서 50%가 넘는 표를 받은 사람이 당연히 당선되는 것과 같은 원리다.

다시 말하면 지분의 50%가 넘지 않더라도 주식을 가장 많이 보유한 대주주가 이 기업을 지배하게 된다. 선거에서 득표율이 50%가 되지 않았어도 후보 중에 가장 많은 표를 받은 사람이 당선되는 것과 같은 원리다.

대주주든 소액주주든 주식을 가진 비율만큼 수익을 배분받을 권리를 가진다. 그해 수익을 주주들에게 나누어 주는 것을 배당이라고 한다. 물론 배당을 하지 않고 다른 곳에 투자해서 기업을 더 성장시킬 수도 있다. 이건 대주주의 선택이다. 만약 대주주 없이 모두가 소액주주로 되어 있다면 주주총회를 열어 투표로 회사의 정책을 민주적으로 결정하게 된다. 이렇게 될 경우 전문경영인(CEO)을 두어 투명한 경영이 가능해질 수 있다.

아이들에게 주식회사의 개념을 어떻게 가르치면 좋을까? 아침밥 프로젝트 수업을 통해 주식회사를 만들고, 학생들이 주주가 되어 회사의 의사결정을 하고, 수익금도 주주총회를 통해 배분과 성장을 결정하면 어떨까? 물론 아침밥 프로젝트 말고도 다른 프로젝트를 통해서 모의 주식회사를 운영해 볼 수도 있다. 교복 주식회사, 알뜰장

터 주식회사, 새 주인 찾기 주식회사 등 학교 안에서 할 수 있는 것
들을 진행해 보면 좋을 것 같다.

주식회사 만들기 절차

1. 회사 설립하기: 어떤 목적의 회사를 만들어서 무엇을 팔 것인
지, 수익은 어떻게 배분할 것인지를 정하고, 회사의 이름과 각자
의 역할과 보상절차는 어떻게 할 것인지를 결정한다.

2. 자본금 만들기: 사업을 시작하기 위한 밑천을 자본이라고 한다.
주식을 만들고, 1주당 5,000원으로 주주를 모집한다. 주주가 되고
싶은 학생들은 5,000원 당 1주씩 살 수가 있다. 1주를 사든 10주
를 사든 모두 주주가 되며, 가지고 있는 주식 수만큼 소유권과 배
당이 늘어난다. 예를 들어 총 100주가 판매되었다면 자본금은 100
주 × 주당 5,000원 = 50만 원이 된다. 그러면 50만 원으로 사업
에 필요한 물품을 구입할 수 있다.

3. 주주총회 개최: 주주들이 모여서 임원진을 선발한다. 자신이 가
진 주식 수만큼 의결권을 행사할 수 있다. 예를 들어 1주를 가진
주주는 한 표를 행사할 수 있지만, 10주를 가진 주주는 10표를 행
사할 수 있다. 만약 50%가 넘는 지분을 가진 학생이 있을 경우 과
점주주가 되어 모든 의사결정권을 가지게 된다. 민주적인 결정을
배우는 것도 목표이기 때문에 여기서는 과점주주가 되지 않도록
미리 정하고, 자본금을 만들어야 한다.

4. 사업계획서 발표: 임원진은 사업계획서를 만들고 주주들에게

안내장을 전달한다. 그리고 같이 일할 팀원을 모집하고, 필요한 물품을 구입하여 사업을 준비한다.

5. 사업 시작: 사업을 시작하고, 수익금은 매일 정산하여 엑셀파일로 기록한다. 별도로 수익금 보관함을 만들어 교무실에 놓고 보관한다. 보관함은 두 개의 자물쇠로 잠글 수 있게 만든 뒤, 전문경영인과 재무이사가 각각 보관하여 투명하게 관리한다.

6. 사업보고서 발표: 전문경영인은 분기별 또는 학기별로 주주총회를 열어 사업보고서를 발표하고, 현재의 매출, 수익, 자본에 대해서 정리하여 안내한다. 그 뒤에 주주총회를 열어 수익배분을 어떻게 할지 투표를 하고 결정한다. 기타 안건으로 좋은 아이디어도 받은 뒤, 투표를 통해 방향을 결정한다.

추천 주식회사 종류

〈초등〉

1. 새 주인 찾기 프로젝트: 잃어버린 물건을 잘 정돈하여 매주 월요일 중간놀이 시간이나 점심시간에 팔고, 여기서 얻은 수익금을 어떻게 할지 학생들이 정하고, 활용한다. 자본금이 들지 않기 때문에 주주를 따로 모집하지 않아도 되며, 학교의 학생 모두 주주가 될 수 있고, 자유롭게 의사결정에 참여할 수가 있다. 저학년에 적합하다.

2. 알뜰장터 프로젝트: 자기 집에서 안 쓰는 물건을 가져오면 물건을 사 주고, 매달 알뜰장터를 열어 판매를 해서 수익을 내는 사업

이다. 이때, 물건뿐만 아니라 학생들이 만든 공예품, 음식, 연주 등을 통해 재능과 다양성을 추구할 수도 있다. 물건을 사들인 뒤, 판매를 하기 때문에 자본금이 필요하며, 주주를 구성하면 주식회사를 경험해 볼 수 있다. 고학년에 적합하다.

〈중·고등〉

1. 아침밥 프로젝트: 바빠서 아침밥을 못 먹고 다니는 학생들이 꽤 많다. 이런 학생들을 위해 학생들이 스스로 아침밥 매점을 만든다면 꽤 뜻깊을 것이다. 매일하기 보다는 매주 월요일 아침에만 진행하면 더 오래 지속될 수 있다. 주먹밥, 샌드위치, 두유, 과일주스 등 간단한 한끼 식사가 될 만한 메뉴로 정해 준비에 부담이 없도록 하고, 자본금은 주주구성을 통해 생긴 돈으로 하면 된다. 한 반이 운영을 해도 되고, 경영 동아리, 창업 동아리를 구성해서 진행해도 좋다.

2. 교복 프로젝트: 졸업하는 선배들 또는 사이즈가 맞지 않는 학생들에게서 교복을 구입하고, 수선 및 세탁을 완료한 다음 입학하거나 재학 중인 학생들에게 교복을 판매하여 이윤을 추구하는 사업이다. 주로 2월에 진행하기 때문에 학업 기간과 겹치지 않아 학생들에게 부담이 덜하며, 교복을 물려 주는 의미를 살릴 수 있기 때문에 의미도 좋다. 선배들의 교복을 매입해야 하므로 초기에 자본금이 필요하다. 자본금은 주주구성을 통해 마련하면 된다.

소득: 소득의 종류를 알아 보자

사람은 생계를 유지하기 위해 또는 사회구성원으로서 역할을 하기 위해 일을 한다. 또한 일을 함으로써 소득을 얻고, 소비를 하게 된다. 소비는 다시 일자리를 만들어 내고, 누군가가 일을 하게 되고 소득을 얻고 소비를 하게 된다.

그래서 일자리가 늘어나게 되면 소득과 소비가 늘어나면서 또 다른 일자리가 만들어지고, 소득과 소비가 더 늘어나게 된다. 이런 선순환을 돈이 돈다고 표현한다. 내수경제가 좋아지면, 소비가 늘고, 기업의 투자가 늘어나고, 취업자가 늘어 실업자 수가 줄어든다. 모든 상품에는 부가가치세가 붙고, 근로자는 소득세, 기업은 법인세를 내기 때문에 국가가 걷는 세금도 늘어나므로 복지나 사회서비스가 늘어나게 된다.

이처럼 일을 하는 것은 개인이 먹고 사는 것 외에도 국가와 사회에 긍정적인 영향을 끼치게 된다. 그래서 학교에서부터 일의 중요성에 대해서 알려 주고, 사회발전에 이바지하는 사람이 될 수 있도록 안내해야 한다. 그런 의미에서 진로교육은 의미가 있는 교육이라고 볼 수 있다.

우리가 학생들에게 일에 대해서 가르칠 때, 가장 우를 많이 범하는 경우가 근로소득만 가르친다는 점이다. 근로자가 가장 많은 비중을 차지하는 것은 맞지만 모두가 근로자가 아니기 때문에 근로소득만 가르치는 것은 옳지 않다. 다양한 방법으로 소득을 얻을 수가 있다는 것을 알려 주어야 학생들이 다양한 학과로 진학을 하고, 자신에게 적합한 직업을 가질 수가 있다.

소득의 종류

1. 근로소득: 월급과 같이 노동을 제공한 대가로 받는 소득
2. 사업소득: 가게나 회사를 운영하여 얻는 소득
3. 금융소득: 돈을 빌려주거나 저축을 통해 이자를 받거나 주식을 통해 배당금을 받는 소득
4. 임대소득: 부동산을 빌려주고 받는 임대소득
5. 연금소득: 퇴직 후 노후에 일정금액을 받는 소득
6. 기타소득: 저작권료, 인세, 강연료, 복권당첨금, 상금 등 일시적이고 불규칙한 소득

위처럼 소득의 종류는 다양하고, 동시에 여러 소득을 받는 경우도 있다. 회사를 다니면서 월세를 놓고, 예금이자를 받는 사람은 근로소득과 임대소득, 금융소득 3가지를 얻고 있는 것이다. 이 중에서 가장 많이 받고 있고, 지속적인 소득이 주 소득이 되고, 나머지는 부소득이 된다.

대부분의 사람은 젊어서는 근로소득과 사업소득을 통해 생계를 유지하다가 나이를 먹고 노후가 되어서는 연금소득, 임대소득을 주소득원으로 삼는다. 본인이 어떤 일을 하고 얼마나 오래 일을 할 수 있을지, 은퇴는 언제쯤 할 것이고, 은퇴준비는 어떻게 할 것인지를

미리 생각해 보고, 생애주기 그래프를 그려 보면 자신의 재무상황을 미리 알아볼 수가 있다. 그리고 난 뒤에 자신의 진로에 대해서 한 번 더 고민해 보고, 자신이 하고 싶은 일과 잘할 수 있는 일 중에서 어떤 선택을 할지 고민을 할 수 있게 해 준다면 훌륭한 경제교육 겸 진로교육이 될 수 있다.

학창시절에는 미래가 보이지도 않고, 정보도 없다 보니 모든 직업이 장밋빛으로 보였고, 현실적이지 못한 선택을 하는 경우가 많다. 그냥 교과서에 낙서가 좋아서 낙서를 하다 보니 만화가가 되어야겠다고 하는 친구도 있고, 경영학과에 가면 모두가 대기업에 취업하는 줄 알고 자신의 강점과는 상관없이 경영학과에 지원하는 학생들도 많다.

가장 행복한 사람은 자신이 하고 싶은 것과 가장 잘하는 것이 일치하는 사람이다. 하지만 그렇게 운이 좋은 사람은 많지 않다. 하고 싶은 일과 잘하는 일 사이에서 고민하고 선택해야 한다. 안타까운 것은 그 고민조차 제대로 해 보지 못하고, 잘못된 선택을 하고, 한참 어른이 되어서야 후회를 하는 경우가 많다는 것이다. 아이들의 미래를 위해서 소득과 일, 생애주기, 재무설계를 같이 해 볼 수 있는 기회를 주어야 한다고 생각한다.

기회비용: 자원의 희소성

　우리는 원하는 것을 모두 가질 수는 없다. 아기가 부모님한테 이것저것 사 달라고 떼를 쓰고 울어도 보지만 부모가 아이에게 사 줄 수 있는 것이 있고 없는 것이 있다. 우리의 부모님은 모든 것을 사 줄 수 있는 돈이 없기 때문이다. 매달 받는 월급으로 주거비, 식비, 공과금, 교육비를 지출하고 남은 생활비에서 일부를 아이의 장난감으로 사 줄 수밖에 없기 때문에 아이가 원하는 모든 것을 사 줄 수가 없다. 통속적으로는 이처럼 돈이 없어서 모든 것을 사 줄 수가 없다고 말하지만 경제학적으로는 자원의 희소성 때문이라고 말한다. 공기나 바닷물을 제외하고는 모든 사람이 원하는 만큼 가져갈 수 없다. 자원의 양은 적은데 필요로 하는 사람들은 많기 때문이다. 모든 사람이 펑펑 사용할 수 있을 정도로 석유 매립량이 많지 않기 때문에 석유가격은 오르고, 누군가는 나무를 때며 살아간다. 예전에는 누구나 사용할 수 있는 양이던 깨끗한 물도 이제는 부족해졌기에 돈을 주고 사서 마셔야 한다. 사람이 마실 수 있는 공기도 언젠가는 물처럼 부족해져서 돈을 주고 사서 마셔야 할지도 모르겠다.

　이처럼 사람은 B(Birth)와 D(Death) 사이에서 수많은 C(Choice)를 하며 살아간다. 이것을 인생이라고 부른다. 즉, 인생은 선택의 연속이다. 그런데 선택의 괴로움을 겪는 경우가 꽤 많다. 예를 들어 중국집에 가서 자장면과 짬뽕 사이에서 많은 사람들은 선택의 고민에 빠진다. 위장의 크기는 한계가 있기 때문에 자장면을 먹으면 짬뽕을 포기해야 하고, 짬뽕을 먹으면 자장면을 포기해야 한다. 그렇다고 점심 한끼를 위해 두 그릇을 시키게 되면 두 배의 점심값을 내야 하기에 사람들은 하나를 포기하고 하나를 선택하게 된다.

어떤 선택으로 인해 포기한 기회들 중 가장 큰 가치를 우리는 기회비용이라고 부른다. 이 비용은 꼭 돈에 국한되는 것이 아니라 시간, 노동도 포함이 된다. 드라마를 보기 위해 뉴스를 포기하면 그만큼의 기회비용을 지불한 것이다. 사람들은 최대의 만족도를 얻기 위해 가장 가치가 높은 것을 선택하게 된다. 예를 들어 버스와 택시를 타면 두 가치 중에서 하나를 포기해야 한다. 버스를 타면 비용은 적게 들지만 시간이 많이 든다. 즉, 상대적으로 돈을 얻고, 시간을 잃게 된다. 택시를 타면 비용은 많이 들지만 시간이 적게 든다. 돈을 잃고, 시간을 얻는 것이다. 아침에 출근시간이 촉박할 경우 우리는 기꺼이 돈을 잃더라도 시간을 얻기 위해 택시를 탄다. 반대로 느긋하게 퇴근을 할 경우 돈을 얻고, 시간을 잃는 선택을 하게 된다. 같은 날임에도 불구하고 출근과 퇴근할 때 더 크다고 생각하는 가치가 달라지기 때문이다.

이러한 기회비용을 제대로 판단하지 못하고 엉뚱한 선택을 하게 되면 주위에서 생각이 짧은 사람, 눈치가 없는 사람, 고집이 센 사람이라고 생각할 수도 있다. 하지만 상황에 따라서 자신이 추구하는 가치가 달라지기 때문에 그 선택에 대해서 타인이 가타부타 말할 수는 없는 것이다.

기회비용을 가르치고 나서 매몰비용을 가르치면 좋다. 선택을 바꾸게 됨으로써 다시 되돌릴 수 없는 비용을 매몰비용이라고 한다. 예를 들어 경영학과에 가고 싶어서 2년간 대학을 다니다가 다시 생각해 보니 의대를 가고 싶어 자퇴를 하고, 수능공부를 1년간 다시 해서 의대에 입학했다고 하면 이 학생의 매몰비용은 3년이라는 시간과 2년간 대학 학비, 1년간 사용한 학원비다. 진로에 대한 선택을 한 번 번복했을 뿐인데 엎질러진 가치가 너무 크다. 그래서 우리는 선택을 잘 해야 하고, 선택 전에 진지하게 고민을 해야 한다.

소비: 잘못된 소비 유형

  어릴 적부터 알뜰한 습관을 들이지 못하면 어른이 돼서도 쉽게 고쳐지지 않는다. TV에 짠돌이라고 나오는 연예인들을 보면 부모님의 영향을 받아 어릴 적부터 근검절약하는 습관을 들였다. 그 습관이 어른이 되어서도, 돈을 많이 버는 연예인이 되어서도 변하지 않고, 절약하고 아껴 쓰는 검소한 사람으로 만들어 주었다.
  그래서 학교에서 소비교육을 잘 시켜야지만 어른이 돼서 월급이 들어오자마자 사라지는 월급 로그아웃현상을 막을 수 있다. 아끼고 아껴야 간신히 월급으로 집도 사고 노후도 대비할 수 있는 세상인데 원하는 만큼 사고 쓰면 도저히 집을 살 수도 없고, 노후를 준비할 수도 없다. 최소한 우리 아이들에게 미래가 있는 세상을 만들어 주고 싶다.

요즘에는 아이고 어른이고 과소비를 하는 모습이 만연해 있다. 어느 누구도 절약을 하지 않는 것처럼 보이고, 합리적인 소비보다는 충동적인 소비가 많아지고 있다. 이는 미디어의 영향이 크다. 드라마에는 재벌이 꼭 등장하고, 그들의 삶을 간접적으로 보여 준다. 비싼 레스토랑에서 밥을 먹고, 멋진 옷을 입고, 멋진 차와 집을 가지고 있다. 그런 모습을 보면서 대리만족 효과를 얻기도 하지만 광고에 노출되는 시간이 늘어나게 된다. 당연히 돈만 있으면 사고 싶고, 실제로 돈이 생기면 사게 된다. 월급이 들어온 날이면 백화점에 가서 멋진 옷을 사거나 최신 스마트폰이 나오면 갖고 싶다는 생각을 하게 된다. 데이트를 하면 TV에 나오는 좋은 식당에 가보게 되고, 멋져 보이고 싶은 마음에 외제차를 사기도 한다.

이런 소비활동은 당장에 기쁨을 주고, 스트레스 해소 효과를 준다. 하지만 미래의 열매를 미리 당겨서 쓰는 것이기에 이후의 부작용은 상당히 크다. 집을 사지 못해서 전세나 월세에 살아야 하고, 노후 준비를 못해서 아파도 병원에 못 가는 일이 생길 수 있다. 우리나라 의료보험이 있기 때문에 노후에 아파도 걱정 없다고 말하는 사람들이 있는데, 다른 나라보다 좋은 편이지 돈이 없어도 노후에 치료를 다 받을 수 있는 것은 아니다. 근처 요양원, 요양병원을 한 바퀴만 돌고 와도 어떤 말을 하는지 이해가 될 것이다. 부모님 직장 때문에 노인들 가정, 요양원을 자주 방문해 본 나로서는 지금의 소비가 미래의 불행을 불러온다는 것을 실감나게 느끼고 있다. 최소한의 노후 준비는 해 놓고, 소비를 하는 것이 옳다고 생각한다.

다시 본론으로 돌아가서 올바른 소비 교육을 하는 방법은 여러 가지가 있다. 초등학교 4학년 교과서에도 소비자 교육이 있고, 아이들이 직접 물건을 사 보면서 같은 돈으로 어떤 모둠이 더 합리적으로 물건을 잘 샀는지를 비교해 보는 수업을 해 볼 수도 있다. 우리 학교의 경우 옆에 대형마트가 있어, 모둠끼리 2만 원씩 걷어서 특정 요리를 위한 재료를 사도록 했다. 그래서 아이들이 2만 원에 맞는 재료를 사면서 한정적인 돈으로 모든 재료를 살 수 없다는 것을 깨닫기 시작했다. 그 가격대에서 가장 양이 많고, 품질이 우수한 물건을 사느라 아이들은 마트를 돌며 고민하고, 많은 이야기를 나누었다. 그리고 다시 학교로 와서 사 온 물건을 서로 비교하며 다른 친구들의 생각을 들어보고, 누가 더 합리적인 소비를 했는지 알아 보는 시간을 가졌다.

6학년 용돈관리 수업에서는 용돈 기입장을 쓰게 하고, 자신이 쓴 용돈 기입장을 가지고 수업을 했다. 그리고 과소비 유형을 가르쳐 준 뒤, 내가 쓴 소비내역이 어떤 과소비 유형에 들어가는지 작성해 보는 수업을 했다. 이 수업은 전문가학습모형(JIGSAW모형)이 가장 적합하다. 교실을 4개의 모둠으로 배치한 다음 모둠원이 각 전문가 집단으로 파견을 가서 과소비 유형 하나를 완벽히 배워 온다. 그리고 자신의 모둠으로 돌아와 자기들이 배운 과소비 유형을 서로에게 알려 주면 모두가 과소비 유형 4가지에 대해서 알게 된다. 자기 입으로 GREAT! STUPID!을 외치면서 잘못된 소비 유형을 분류하는 아이들을 보며, 아이들의 소비가 한 번에 고쳐지지는 않겠지만 최소한 앞으로 자신의 소비가 과소비라는 것은 깨달으면서 반성할 수 있겠다는 생각이 들어 뿌듯함과 다행스러움을 느꼈다.

잘못된 소비의 4가지 유형

1. 과소비: 자신의 분수에 맞지 않는 과한 소비를 하는 것을 과소비라고 한다. 적은 월급을 받는 사람이 외제차를 사거나 명품을 사는 것은 과소비를 하는 것으로 볼 수 있다. 그러나 재벌이 외제차를 사거나 명품을 사는 것은 과소비가 아니다. 즉, 소득과 자산에 따라 과소비냐 아니냐가 달라진다. 그러므로 자신의 소득과 가진 자산에 맞게 소비하는 것이 중요하다.

2. 충동소비: 물건을 살 생각이 없었는데 장을 보러 갔다가 생각하지 않은 물건을 사거나 우연히 TV 채널을 돌리다가 홈쇼핑에 나오는 물건을 보고 덜컥 결제하는 경우가 있을 것이다. 이를 충동소비라고 한다. 충동소비는 광고의 영향이 크게 작용된다. 판매자 입장에서는 살 생각이 없는 고객도 물건을 사게 하므로 돈을 벌어서 좋겠지만 소비자 입장에서는 사지 않아도 될 것을 샀기 때문에 그만큼 저축할 돈이 사라지게 된 것이다.

3. 과시소비: 자신이 잘 산다는 것을 보여 주기 위해 일부러 비싼 물건, 좋은 차, 좋은 집을 사서 호화스러운 모습을 보여 주는 사람들을 본 적이 있을 것이다. 이를 과시소비라고 한다. 소비의 목적이 자신의 필요에 있는 것이 아니라 남들이 보는 시선을 생각해서 소비하기 때문에 생긴다. 비싼 자동차일수록, 비싼 명품일수록, 비

싼 집일수록 잘 팔리는 이유는 이런 심리를 이용하기 때문이다.

4. 모방소비: 모 연예인이 드라마에서 액세서리나 가방을 들고 나오면 다음 날 그 물건이 완판되었다는 뉴스를 본 적이 있을 것이다. 이것이 대표적인 모방소비다. 원래는 이 물건을 살 의사가 없다가 주위의 누군가가 사면서 같이 따라 사는 경우에 속한다. 친구가 편의점에 들르자고 해서 따라 들어갔다가 친구가 음료수를 사는 바람에 목이 마르지 않은데도 같이 음료수를 샀다면 이는 모방소비에 해당된다.

세금: 세금의 종류를 알아 보자

우리는 알게 모르게 세금을 내면서 살고 있다. 숨만 쉬어도 세금을 내야 한다는 말이 있을 정도로 우리 주변에는 세금이 널려 있다고 봐도 무방하다. 일을 하지 않아도 성인이라는 이유로 주민세를 내야 하고, 부모가 자식에게 재산을 물려줘도 세금을 내야 한다. 하물며 초등학생들조차도 세금을 내고 있다.

이런 교사의 말에 아이들은 눈이 동그랗게 된다. 자기들도 세금을 내고 있다는 사실을 전혀 몰랐기 때문이다. "아직 어리고, 공부만 하는 아이들에게 세금이라니요. 이건 옳지 않은 것 같아요."라고, 당당히 말하는 아이들도 있다. 하지만 어리다고 해서 면제시켜 줄 수 없는 세금도 있다. 이를 우리는 '부가가치세'라고 한다. 아이들이 사 먹는 아이스크림, 음료수, 과자에는 10%의 부가가치세가 포함되어 있다. 아이들이 소비를 하면서 국가에 10%씩 세금을 내고 있는 것이다. 그런 의미에서 보면 아이들도 훌륭한 납세자고, 국민으로서 의무를 성실히 수행하고 있다.

이런 설명에 아이들은 자신들이 세금을 내고 있다며 당황스럽고 뿌듯해 한다. 세금을 내는 사람은 세금이 어디에 쓰이는지 알고, 감시하며, 필요한 곳에 쓰일 수 있도록 요청할 수 있다. 그래서 아이들에게 세금 프로젝트 수업을 한다.

우선 우리 주변에 어떤 세금들이 있는지 알아보는 것이 먼저다. 수많은 종류가 있는데 우선 아이들의 시선을 중심으로 세금의 종류를 나열해 보자.

기름을 넣을 때 절반 정도가 세금이다. 1L에 1,500원이라면 여기에 교통세 539원, 주행세 137원, 교육세 80원을 낸다. 아이들이 무료로 교육을 받을 수 있는 것은 자동차를 타는 사람들이 교육세를 내고 있기 때문이다.

어른들이 마시는 술인 소주는 원가의 72%가 주세로 붙고, 주세의 30%가 교육세로 붙는다. 주세와 교육세 그리고 원가를 합한 금액에 10%의 부가가치세가 또 붙는다. 그래서 공장에서 1,000원에 나오는 소주는 1,130원 정도의 세금이 붙어 2,130원에 판매된다.

담배는 세금의 끝판왕이라고 부를 만하다. 4,500원의 담배에 74%의 세금이 붙는다. 담배소비세 1,007원, 부가가치세 433원, 개별소비세 594원, 지방교육세 332원, 국민건강증진부담금 841원이 붙는다. 괜히 흡연자를 애국자라고 부르는 것이 아니었다.

200만 원 이상의 시계와 가방, 500만 원 이상의 보석에는 사치세로 불리는 개별소비세가 붙는다. 판매가에 30%의 교육세가 추가로 붙게 된다.

세금은 국가로 귀속되는 국세와 지방자치단체로 귀속되는 지방세로 나뉜다. 국세는 다시 상품이나 서비스에 붙는 간접세와 국민이 직접 납부하는 직접세, 특정목적에 쓰이는 목적세로 나눌 수 있다.

국세의 종류
- 간접세: 부가가치세, 개별소비세, 주세, 인지세, 증권거래세
- 직접세: 소득세, 상속세, 증여세, 종합부동산세, 법인세
- 목적세: 교육세, 농어촌특별세, 교통세

지방세의 종류
- 보통세: 취득세, 담배소비세, 자동차세, 주민세, 등록면허세, 재산세
- 목적세: 지방교육세, 지역자원시설세, 공동시설세, 지역개발세

아이들이 배울 때는 모든 세금을 다 배울 필요는 없고, 자신들이 보고 들었던 수준의 세금들만 나열해 주는 것이 좋다. 국세와 지방세의 개념, 간접세와 직접세의 개념 정도만 알면 된다.

세금이 어떻게 걷히는지 알았으므로 이제 세금이 어디에 쓰이는

지를 배우면 된다. 우리 주변에 세금으로 만들어진 것들, 세금이 나가는 곳을 생각해 보고 브레인스토밍으로 계속 나열해 보자. 마인드맵 형태로 분류를 하면서 계속 생각을 발산하는 방법도 좋다. 아이들이 어려워하면 우리 동네에서 사고팔 수 없는 것들을 떠올려 보자고 힌트를 주면 한결 쉽게 생각한다.

도로, 학교, 경찰서, 우체국, 소방서, 공원, 주민센터, 다리, 지하철, 버스 등의 의견이 나올 것이다. 그럼 이것들이 없을 때 어떤 불편함이 있을지를 생각해 보고, 이를 국가나 지자체가 만들지 않는다면 누가 만들 수 있는지를 생각해 본다. 모두가 필요하다고는 생각하지만 개인이 만들 수 없는 것을 국가나 지자체가 세금을 걷어서 만들고 운영한다는 것을 아이들이 이해하면 세금이 쓰이는 곳에 대한 수업이 끝난다.

여기까지는 세금을 알고 이해하는 수준의 수업이고, 우리는 살아 있는 수업을 해야 한다. 그냥 세금을 아는 수준이 아니라 우리 시의 세금이 어디에 더 쓰였으면 하는 곳을 아이들이 찾아내서 국가나 시·군청에 적극적으로 의견을 내는 것이 이 수업의 본질적인 목표다. 아이들도 간접적으로 세금을 낸 주체들이다. 부가가치세도 냈지만 아이들이 산 장난감으로 돈을 번 기업은 국가와 지자체에 세금을 낼 수 있었다. 아이들이 장난감을 사지 않았다면 국가는 장난감 회사에게 세금을 걷을 수가 없었다. 그러므로 국가는 납세자의 의무를 충실히 이행한 아이들의 목소리에 귀를 기울여야 한다.

모든 것이 완벽한 도시는 없다. 교통, 치안, 환경, 교육, 도서, 체육,

복지, 의료, 일자리가 완벽한 도시는 절대 없다. 그러므로 아이들에게 개인 또는 모둠별로 우리 동네에서 필요한 공공서비스가 어떤 것인지 찾아보고 이를 해결하기 위한 요청을 하는 편지를 쓰는 수업을 하면 좋다. 이렇게 나온 의견을 수렴하여 시·군청에 제출하면 실제로 반영이 될 수도 있을 것이다. 우리 지역의 경우 주민들의 요청으로 학교로 오는 보행교가 생기는 등 많은 변화가 있었다. 시민들이 원하는 것을 모두 들어줄 수는 없었지만 적극적인 목소리를 내는 시민들 덕분에 점점 살기 좋은 도시가 되어 가고 있다.

아이들이 학창시절 시·군청에 요청했던 것들이 당장은 이뤄지지 않을 수도 있겠지만 시간이 지나면서 요청했던 것들이 하나씩 생기는 것을 볼 때마다 뿌듯함을 느낄 것이다. 그리고 올바른 민주시민으로 자랄 확률이 높아 지게 된다.

수업 하나가 한 사람의 인생을 바꾸고, 지역을 바꿀 수도 있다. 그러므로 우리는 수업을 더 바깥으로 확장해 나갈 필요가 있다.

산업: 산업혁명과 1~4차 산업

구석기 시절 인간은 사냥에 의존하여 생활했고, 신석기에 이르러 농경생활이 시작되었다. 그리고 18세기 무렵 기계의 등장으로 새로운 문명이 탄생하게 되었는데 우리는 이를 산업혁명이라고 부른다.

산업혁명은 엄청난 파급을 일으켰다. 실의 생산량이 300배가 넘게 늘어났다. 물질은 풍요로워졌다. 하지만 농사를 짓는 노동력이 부족하게 되었으며, 유럽의 토지가격은 폭락했다. 이제 땅이 없어도 돈을 벌 수 있는 시대가 되었기 때문이다. 공업화라고 불리는 이 혁명은 물질과 자본의 조직, 사람의 조직, 분업화, 의·식·주, 지배계층, 생산량, 문화, 정치 제도까지 모든 것이 바뀌었다. 산업혁명 이전에는 동양이 서양보다 더 발달했었으나 산업혁명을 기점으로 중심축이 서양으로 넘어가게 되었다.

1차 산업혁명의 중심은 증기기관이었다. 증기기관을 통해 동력이 도입되면서 기차가 등장하고, 면직물 생산이 발달하게 되었다. 이때, 농민은 공장에서 일하는 육체노동자가 되었다.

2차 산업혁명의 중심은 전기 에너지다. 공장에 전기가 도입되면서 컨베이어 벨트가 도입되었고, 적은 노동력으로 더 많은 상품을 대량 생산할 수 있게 되었다. 기계의 등장으로 필요한 노동력이 줄어들면서 실업자가 늘어났고, 반면에 생산량은 늘어나 공급과잉이 되었다. 물건을 사 줄 더 많은 식민지가 필요했으나 한계에 부딪혔고, 결국 1, 2차 세계대전과 세계대공황이 발생하는 원인이 되었다.

3차 산업혁명은 컴퓨터와 인터넷이 주도했다. 컴퓨터와 인터넷의 발달로 지식정보혁명을 일으켰고, IT 기업이 부를 주도하기 시작했다. 인터넷으로 인해 정보의 이동이 빨라지고, 문화, 서비스, 네트워크, 정보 산업이 발달하기 시작했다. 이 기점으로 육체노동자에서 사무노동자, 프로슈머로 많이 넘어가게 되었다.

이제 시작되고 있는 4차 산업혁명은 인공지능, 사물인터넷, 빅데

이터 기술 혁신으로 사람, 사물, 공간이 모두 연결되는 초연결상태가 되고, 초지능화 사회로 돌입하여 산업구조와 사회시스템에 획기적인 변화가 일어날 것으로 보고 있다. 현재 우리는 4차 산업혁명의 시작단계에 진입했으며, 이것이 앞으로 어떤 변화를 가져올지 아직 완벽하게 예측하는 것은 불가능하다. 다만 이로 인해 많은 직업이 사라지고, 새로운 직업이 또 생겨날 것으로 예상한다.

1~3차 산업은 교과서나 인터넷을 통해 자세한 정보를 얻을 수 있지만 미래에 다가올 4차 산업에 대해서는 교과서나 인터넷의 설명으로는 부족하다. 아직 아무도 어떻게 진행될지 모르기 때문이다.

인터넷이 등장하던 시절만 해도, 지금 이런 사회가 될 줄 아무도 몰랐다. 2000년이 되면 컴퓨터의 모든 기능이 마비돼서 세상이 망한다고 생각하는 사람들이 꽤 많던 시절이었다. 개인이 컴퓨터 달린 휴대폰을 가지고 다닌다고 누가 생각이나 했을까?

우리는 4차 산업에 대해서 아이들이 관심을 가질 수 있도록 지도해야 한다. 4차 산업과 관련된 전시회나 과학관에 체험학습을 다녀오는 것도 매우 좋은 교육방법으로 볼 수 있다. 직접 보고 체험해 보면 아이들이 지금의 방식이 아닌 다른 방식으로 살아야겠다는 것을 깨달을 수 있을 것이다.

교실에서는 4차 산업이 진행되면 어떤 직업이 사라지고 어떤 직업이 생겨날지 서로 써 보고 공유하는 수업을 해 보면 좋다. 실제로 인공지능과 사물인터넷, 빅데이터의 등장으로 가장 먼저 없어질 직업으로 운전사를 뽑았다. 무인자동차가 곧 상용화될 예정인데 그러면 운전을 하는 사람들이 사라질 것이고, 운전을 직업으로 가진 사람들은 실업자가 된다. 먼 훗날에 일어날 일이라고 생각하지만 정말 얼마 남지 않았다. 최근에는 영화관에서 표를 파는 사람, 패스트푸드 음식점에서 주문을 받는 사람들이 사라졌다. 충분히 무인기계가 대신할 수 있기 때문이다. 드론으로 책이 배송되는 시험영상이 공개되었으며, 빅데이터로 그동안 알 수 없었던 정보가 분류되면서 선거 당선자를 선거도 전에 맞추는 일이 비일비재해졌다.

어떤 직업이 생겨날지, 급격히 변화하는 세상에서 아이들은 어떤 직업을 생각하고 준비해야 할지 걱정이 더 많아진 시기다. 기존처럼 생각하고 진로를 준비하다가는 아까운 시간만 낭비하는 결과를 낳을 수도 있다. 그만큼 4차 산업에 대한 교육은 반드시 이뤄져야 하고, 아이들은 심각하게 받아들여야 한다.

도시와 농촌: 도시는 언제 도시가 되었을까?

초등 사회 교과서에는 도시와 농촌의 생활모습을 비교하는 단원이 있다. 도시라고 하면 수많은 빌딩숲과 사방으로 뻗은 도로, 지하철 등을 떠올리고 시골이라고 하면 논, 밭, 산, 바다를 떠올리게 된다.

우리는 이런 단순한 외형을 비교하는데 그치지 말고, 왜 농촌과 도시가 생기게 되었는지 경제학적으로 설명을 하며 산업발달에 따른 자연스러운 현상이었다는 것을 깨닫게 해 주어야 한다.

산업이 발달하면서 도시에는 공장이 세워지고, 많은 노동자가 필요했다. 농촌에 있는 젊은이들을 도시로 끌어들이려면 두 가지 방법이 있다. 농촌에서 버는 돈보다 월급을 많이 줘서 도시로 유도하거나 농촌에서 버는 돈을 낮추는 방법이다. 물가는 계속 올라가기 때문에 도시 노동자의 월급은 꾸준히 올리고, 쌀 가격을 고정시키면 농촌의 소득은 하락하는 효과를 가져오기 때문에 농촌에서 도시로 젊은이들이 몰려들 수밖에 없었다.

우리나라 초기 도시에는 주로 경공업 공장이 들어섰다. 가발, 모직, 신발 공장들이었다. 값싼 노동력이 경쟁력인 산업이라 노동자에게 낮은 임금을 주면서도 오랫동안 일을 시켜야 다른 나라보다 제품을 더 싸게 만들어 수출을 할 수 있는 사업이었다. 노동자의 월급을 낮추려면 물가를 낮추는 것이 절대적이었다. 그중에서도 식비가 월급에서 차지하는 비중이 절대적인 시대였기 때문에 쌀 가격을 못 올리도록 막아야만 했다.

그런 이유 때문에 농촌의 소득원인 쌀 가격은 정체되었고, 도시 근로자의 임금은 점차 오르며 경제는 나날이 발전했다. 다만 부작용으로 농촌의 젊은이들은 계속 도시로 빠져나갔고, 이는 여러 문제를 일으켰다.

사람은 도시로 몰려드는데 도시에 있는 집은 부족했다. 그 당시 도시의 집은 대부분 주택이었다. 주택은 서울 밖으로 계속 지어져, 산에도 짓고, 철길에도 짓고, 도시 외곽에도 짓고, 비닐하우스 안에 살기도 했었다. 그리고 월세, 전세 가격은 계속 올랐고, 열심히 돈을 벌어도 주거비를 감당하기 어려워졌다. 그럼에도 젊은이들은 도시로 끊임없이 몰려들었다.

경공업에서 한계를 느낀 우리나라는 이제 2차 산업인 중화학공업으로 갈아탔다. 조선, 철강, 화학, 석유, 자동차 산업은 공장 규모가 크고, 대규모 인력이 필요한 산업이었다. 만약 서울에 이런 중화학공업이 세워졌으면 서울의 집값은 분명 폭등할 수밖에 없었고, 도시의 문제는 더 심각해졌을 것이다. 그래서 중화학 산업들은 지방에 흩뿌려져 세워졌다.

그럼에도 불구하고 서울로 인구 집중은 계속되었다. 농촌은 농기계 발달로 젊은이가 없는 공백을 어느 정도 메웠으나 도시는 사람이 살 공간이 부족했다. 이러다가는 서울의 집값이 폭등할 것이고 서민들의 삶은 더 피폐해질 것이다. 현재 동남아를 비롯한 많은 개발도상국의 수도가 이러한 상황이다. 일자리는 수도에 집중되어 있는데 주거 형태는 대부분 주택이다 보니 교통혼잡, 비싼 월세, 물가상승으로 많은 부작용이 생기고 있다.

우리나라는 이 시기에 아파트가 등장했다. 강남에 대규모 아파트 단지가 지어졌고, 사람들이 아파트로 거주지를 이동하지 않자 서울의 유명 고등학교들을 강남으로 대거 이전시켰다. 그 효과는 적중했다. 아파트에 사람이 살기 시작하면서 사람들이 사는 공간이 2D에서 3D로 바뀌었다. 예를 들어 예전에는 단위 면적에 100명이 살았다면 이제는 500명이 살게 된 것이다. 즉, 같은 면적에 몇 배의 사람들이 더 살 수 있게 되었다.

이는 도시에 축복과 재앙을 불러일으켰다. 인구밀도가 더 높아지자 장사가 잘 될 수밖에 없고, 한 동네에 가게들이 늘어나기 시작했다. 즉, 자영업으로 먹고 사는 사람들도 늘어나고, 부수적인 일자리도 생겨났다. 덕분에 도시 곳곳에 편리한 시설들도 들어섰다. 인구수가 충족되어야 생길 수 있는 백화점도 여러 곳에 들어서기 시작했다. 하지만, 인구밀도가 증가할수록 교통문제는 심각해졌다. 이는 다시 대중교통 체계의 변화를 가져왔다. 지하철이 계속 생겨나면서 심각해지는 교통문제를 어느 정도 완화시켰다. 하지만 인구는 계속 도시로 유입되고 차량이 늘어나면서 현재는 지하철 노선을 늘리는 수준으로 도시의 교통정체를 해결할 수 없게 되었다.

그래서 국가에서는 서울 주변에 1기 신도시를 만들었다. 분당, 일산, 평촌에 신도시가 생기고 베드타운이라는 것을 만들었다. 교통문제는 잠시 누그러졌으나 출퇴근 교통 혼잡지역이 서울에서 수도권으로 넓어지는 계기가 되었다. 고층 아파트가 들어서고 신도시가 계속 늘어나면서 어느 정도 인구분산 효과를 유도했고, 서울과 수도권이 하나의 큰 도시의 모습을 하게 되었다.

결국 행정수도 이전과 지방에 혁신도시를 만들며 적극적으로 인구분산을 유도하고 있으나 아직도 수도권에는 전체 인구 절반에 가까운 사람들이 살고 있다.

그 사이 젊은이들은 농촌에서 계속 도시로 빠져나갔고, 농촌은 급격히 노쇠화되었다. 농촌에서 60세는 젊은 사람에 속할 정도로 농촌은 인구감소, 상권감소, 노동력 부족, 기반시설 약화의 복합적인 문제를 앓고 있으며, 이 문제를 해결할 수 있는 시간이 이제는 얼마 남지 않은 듯하다.

학생들에게 도시와 농촌에 대해서 단적인 면만 알려 줄 것이 아니라 이렇게 여러 관계가 얽히고 섞여서 복합적인 문제가 되었음을 알려 주어야 아이들이 단순한 해결책을 내놓지 않는다. 해결책이 단순했다면 국가에서 이렇게까지 방치하지는 않았을 것이다. 자녀 셋을 데리고 전입하는 사람에게는 농촌자금 5억을 빌려주겠다는 지역도 등장할 정도로 유인책을 제시하고 있지만 도시에서 농촌으로 가려는 젊은이는 많지 않다.

이러한 문제의 심각성을 깨닫고 학생들이 머리를 맞대고 문제를 해결할 수 있는 토의 수업을 해야 한다. 물론 여기에서 딱 떨어지는 답을 기대할 수는 없지만 가장 현실성 있는 해결책을 생각해 보고, 앞으로 어른이 되어서도 이 문제에 대해 심각성을 깨달을 수 있는 어른들로 만들 수가 있다.

교육은 실제 문제를 해결하려고 노력해야 하고, 이는 아이들에게 가장 좋은 동기유발 자료가 될 수 있다.

💲👆 수출국가: 우리나라 경제의 특징

우리나라 안에서만 살 때는 모든 나라가 수출에 목숨을 거는 줄 알았다. 그런데 세계를 공부하다 보니 그렇지 않은 나라들이 상당히 많다는 것을 알 수 있었다. 중동의 나라들은 수출을 위해 열심히 노력하지 않아도 된다. 자국의 영토 안에 석유가 있기 때문에 이를 팔아 필요한 물건을 사면 된다. 호주나 캐나다는 천연자원과 농·축산물을 팔아 돈을 벌고, 영국은 전 세계에 금융 투자를 해서 돈을 번다.

나라별로 외화를 벌어들이는 방식이 다양한데 우리나라는 물건을 만들고 외국에 수출해서 돈을 버는 것이 유일한 수입원이다. 매장된 석유나 천연자원도 없고, 값싸게 농·축산물을 만들 수 있는 넓은 땅도 없다. 우리나라와 비슷한 수출방식으로 돈을 버는 일본, 중국, 대만과 경쟁하며 더 좋은 물건을 더 싸게 만들어서 수출하는 것만이 국가의 생존수단이다.

그래서인지 어릴 때부터 경쟁에서 살아남는 것을 강요받는다. 그런 속내를 드러내든 내심 바라든 자신의 자녀가 1등을 하길 바라고, 꼭 공부는 아니지만 어느 분야에서라도 특출한 경쟁력을 보여 주기를 바란다. 그래서 부모들은 아침부터 밤늦게까지 학교에서 공부하는 것도 모자라 늦은 밤이나 주말에도 학원을 보내며 공부시키고, 좋은 대학에 가고 좋은 직장을 구하기를 바라고 있다.

아무래도 이러한 교육문화는 우리나라 경제적인 특징과 연관이 있을 수밖에 없다고 본다. 산유국의 학생들이 치열하게 공부한다는 이야기를 들어본 적이 없고, 국가가 부유하고 취업할 일자리가 넉넉한 캐나다와 호주의 학생들을 보면 자유롭게 공부하고, 그 모습에 여유가 느껴진다.

그러나 우리와 경제구조가 비슷한 일본, 중국, 대만을 보면 학생들의 모습이 많이 비슷하다는 것을 느낀다. 최근에 중국의 사교육 열풍이 엄청나다는 뉴스를 보았는데 우리나라의 모습과 너무도 많이 닮아서 놀란 적이 있었다.

다시 본론으로 돌아가서 우리나라 경제의 큰 방향은 원자재를 싸게 사와서 이를 가공해서 다시 해외로 수출하는 것이다. 싸게 만들어야 물건을 팔아서 이윤이 많이 남기 때문에 유가의 오르고 내림은 우리나라 경제에 큰 영향을 끼친다. 대부분의 원자재는 석유가격에 영향을 받는다. 공장의 기계를 돌리려고 해도 석유가 필요하고, 전기도 대부분 석유로 만들고, 플라스틱도 석유로 만들고, 자동차, 선박, 비행기 모두 석유가 있어야 움직이기 때문이다.

재료의 가격이 저렴하면 좋듯이 인건비도 저렴해야 제품 가격을 더 싸게 팔 수 있고, 더 많이 팔아서 수익을 늘릴 수 있다. 그러나 국내의 인건비는 계속 오르고, 기업들은 서서히 경쟁력을 잃어 갔다. 인건비가 절대적인 경공업은 문을 닫았고, 가까스로 살아남은 기업들은 외국인 노동자를 고용해서 인건비를 낮추었다. 아니면 공장 자체를 해외로 옮겨 인건비를 절감하는 방법을 택했다. 자동화 기계를 들여서 근로자의 수를 대폭 줄이기도 하고, 무인화 시스템을 통해 인력감축을 꾸준히 했다. 그 결과 기업들은 수익을 내서 경쟁력을 유지할 수 있었으나 젊은이들의 실업난은 해결하기 어려워졌다.

아무리 재료비와 인건비를 낮춘다고 해도 비용은 계속 상승하고,

중국산보다 더 싸게 만들 수는 없었다. 결국 제품가격을 높여야 하는데 더 비싸게 팔려면 성능, 기능, 디자인 모든 것에서 우위를 보여야 했다. 반도체, 스마트폰, 전자, 자동차, 조선 등의 분야에서 우리는 세계 최정상의 위치에 올라섰고, 높은 가격을 받으며 수출 효자 업종에 올라 있다.

하지만 저렴한 가격과 계속 좋아지는 성능을 무기로 아래에서 치고 올라오는 중국산 제품과 단단한 기술적 기반으로 누르고 내려오는 일본산 제품 사이에서 우리나라 제품은 살아남기 위해 지금도 몸부림을 치고 있다.

지금까지의 경제 구조는 이런 상황이지만 앞으로는 판도가 바뀔 것으로 예상된다. 4차 산업혁명이 시작되고 있기 때문에 사물인터넷, 빅데이터, 인공지능 3분야를 장악하는 나라가 경제적 패권을 차지할 것으로 보인다. 현재 이 분야는 기존의 선진국과 한국, 일본, 중국이 선두를 달리고 있고, 또다시 이들 중 한 나라가 패권을 차지할 것으로 보인다. 4차 산업은 고용효과가 크지 않고, 상품서비스의 영향이 전 세계적으로 미치기 때문에 선두를 차지하는 나라는 큰 수익을 얻겠지만 선두 차지에 실패한 나라는 경제적 타격이 심각할 것으로 예상된다.

이렇듯 현재 세계는 소리 없는 경제전쟁을 하고 있다. 석유 한 방울 나오지 않고, 자원이 풍부하지 못하며 좁은 땅에 살고 있는 우리나라 학생들이 경쟁력을 갖춘 우수한 미래 인재로 자라서 우리나라와 우리 국민을 먹여 살리는 훌륭한 인재가 되어야 우리나라가 생존할 수 있다.

🖱️ 성장: 한강의 기적이라 불리는 나라

우리나라는 한강의 기적이라고 불리는 압축성장을 성공적으로 이루어 냈다. 일찍이 산업혁명이 일어난 200년의 전통의 유럽을 우리는 50년 만에 따라잡았기 때문이다. 그만큼 빠른 속도로 선진국을 따라잡은 저력은 대단하지만 압축성장으로 인해 많은 부작용이 생긴 것도 사실이다.

경제성장을 위해 가장 효과적인 방법은 최소 투자, 최대 효과를 얻는 것이다. 그러려면 한 도시에 도로, 교통, 사람, 전기, 서비스 등 인프라를 설치하고, 여기에 집중투자를 하는 것이 가장 효과적이다. 그렇게 성장한 도시가 서울이다. 그래서 서울은 우리나라의 그 어떤 도시와 비교할 수 없을 정도로 모든 인프라가 집약적으로 모여 있다.

국가의 경제가 성장하던 시기에 각 가정들도 비슷한 전략을 택했다. 육남매를 모두 학교에 보낼 돈이 없어서 첫째만 공부를 시켜서 성공을 시키고, 나중에 첫째가 동생들을 돌봐 주는 낙수효과를 기대했다. 어쨌든 서울이 이만큼 커졌으니 첫째를 성공시키는 것은 성공했다.

중화학공업을 시작하면서 지방에도 거점지를 만들기 시작했는데 이것이 광역시다. 둘째, 셋째를 키운 셈인데 절반의 성공은 거둔 것

같다. 하지만 이러한 전략 때문에 도시와 농촌의 격차는 심해졌고, 젊은 층의 인구 이탈은 급속도로 진행되었다.

이런 낙수효과를 기대한 것은 지역뿐만 아니라 기업에게도 적용되었다. 대기업에 지원을 집중해서 대기업들이 해외에서 경쟁력을 가질 수 있도록 도왔다. 이 전략은 성공했고, 글로벌 기업으로 성장할 수 있었다. 다만 대기업의 성장이 중소기업으로 이어지는 낙수효과가 성공했는지는 미지수다. 중소기업까지 성장해야 국가 경제가 건강하게 자랄 수가 있다.

국가에서도 중소기업을 키우기 위해 창업자금 지원, 벤처산업 육성 등 다양한 지원책을 마련하고 있다. 중소기업이 크려면 훌륭한 인재들이 많이 투입되어야 한다. 이를 위해서는 우리 교사들의 역할이 중요하다. 창업가정신을 기를 수 있도록 창업 교육과 기업가정신을 가르치고, 도전정신을 이끌어 내야 한다. 훌륭한 창업가 한 명을 길러 내면 우리도 애플, 페이스북, 구글과 같이 세계를 선도하는 기업을 만들 수 있다. 한 명의 인재가 만 명의 직원을 먹여 살리는 시대다. 한 명이라도 키워 내겠다는 생각으로 아이들을 가르치면 언젠가 좋은 결과가 있지 않을까 기대해 본다.

무역: FTA의 빛과 그림자

초창기의 무역은 단순했다. 각자 지역에서 나온 산물을 교환하는 수준이었다. 그래서 무역을 아주 간단히 설명하면 국가 간의 물물교환이라고 말할 수 있다. 하지만, 지금의 무역은 이런 좁은 의미의 무역이 아니다. 상품뿐만 아니라 기술, 노동, 자본까지도 포함된다.

무역의 역사는 어떻게 될까? 서양은 지중해를 두고, 기원전부터 활발한 무역이 이루어졌다. 지중해는 유럽, 아프리카, 중동이 있는 아시아를 연결해 주는 바다이기 때문에 세 대륙은 지중해를 통해 산물을 교류할 수 있었다. 덕분에 이 세 대륙은 무역의 가치가 높았고, 무역을 통해 부를 쌓고, 기술 발전을 이룰 수 있었다.

동양에서는 중국을 중심으로 조공무역이 이루어졌다. 그러나 각 산물의 종류가 비슷해서 무역으로서의 가치가 그리 높지 않았고, 상업을 중요시 여기지 않는 문화였기에 무역이 활발하게 번창할 수 없었다. 만약 조선도 무역이 활발한 나라였다면 개항기에 외적과 싸우거나 쇄국정책으로 나라의 문을 걸어 잠그지 않고 적극적으로 교류하여 현대문명으로 조금 더 빨리 전화하였을 것이다.

동양과 서양을 이어준 무역길을 실크로드라고 한다. 총 길이가 6,400km에 달할 정도로 길며, 이 길을 통해 정치, 경제, 문화 교류가 이루어졌다. 중국 한나라 때부터 실크로드가 열리기 시작해서 당나라까지 이어졌다. 중국은 비단, 칠기, 도자기, 화약, 제지 등을 서역으로 보냈고, 이때 종이 만드는 기술이 서역으로 건너가서 중세의 인쇄술 발달과 지식 보급에 원동력이 되었다.

서양의 경우 중동과의 십자군 전쟁으로 후추를 구하는 길이 막히자 무역을 위해 서쪽으로 탐사를 시작했고, 신대륙을 발견했다. 배를 타고 바다를 항해하며, 아프리카를 돌아 인도를 발견하고 다시 아시아의 각국을 발견하며 무역을 시작했다. 총을 들고 위협을 하며 시작된 무역이었지만 서로에게 필요한 물건들이 오고 가며 전 세계의 문명이 빠르게 발달해 갔다.

더 많은 식민지를 가진 나라가 더 많은 무역을 통해 부를 축적할 수 있었기에 유럽의 강대국들은 식민지를 늘리는데 혈안이 되어 있었다. 그러다가 1차 세계대전이 벌어졌고, 그 이후의 여파로 2차 세계대전이 벌어졌다.

두 차례에 걸친 전쟁 이후로 식민지의 개념은 사라졌지만 무역은 지속되었다. 무역을 통해 상대 국가에 물건을 팔아 부를 축적하고, 자신의 국가의 문화를 전파하여 경제적, 문화적 식민지를 늘려 갔다. 이런 전략을 가장 잘 활용한 나라가 미국이다. 전 세계에 코카콜라가 있고, 맥도날드와 스타벅스가 있다. 전 세계 사람들은 미국 영화와 드라마를 보고 팝송을 들으며 미국을 간접적으로 배우고 있다. 나이키를 신고 운동을 하고, 아이폰을 들고 친구와 통화를 한다. 그 나라의 문화가 전파되면 한 나라는 그 나라에 경제적으로 종속될 수밖에 없다. 우리나라의 경우도 한류문화로 인해 동남아시아에서 화장품, 의류, 음식, 유통업, 방송, 영화의 진출이 활발해졌다.

무역의 종류

1. 통과무역: A라는 나라가 B나라를 거쳐서 C나라에 수출하는 것을 통과무역이라 한다. 물품은 B나라를 지나가기만 할 뿐이기 때

문에 B나라에 관세나 통과세를 내지 않아도 되나, 수수료, 운임, 보험료, 보관료는 지불해야 한다.

2. 중계무역: A나라에서 사온 물건을 B나라가 사들여서 그대로 C나라에 파는 무역이다. 즉, 물건은 A나라에서 C나라로 가는데 A→B, B→C로 두 번의 거래가 이루어진다. 싸게 사서 마진을 남겨 팔 수 있다면 B나라는 통과무역보다 더 높은 수익을 낼 수 있다. 다만 관세가 존재하지 않는 자유무역항이어야 하고, 외환거래가 자유롭게 되는 홍콩이나 싱가폴 같은 나라에서만 가능하다.

3. 중개무역: A나라에서 물건은 C나라로 배송되나 대금지급은 A→B→C로 이루어지는 무역이다. B나라는 A나라와 C나라의 무역을 중개해 주고 수수료를 받는 구조로 부동산 매매거래와 비슷하다고 볼 수 있다.

4. 구상무역: 두 나라 사이에 협정을 맺어서 서로 수출을 균등히 맞추는 무역으로 예를 들어 서로 100억씩 수출과 수입을 하기로 약속한 무역이다. 무역을 통한 적자와 흑자가 존재하지 않는다.

FTA는 왜 필요할까?

FTA란 두 개 이상의 국가가 서로 무역을 할 때, 관세나 수입제한을 없애는 자유무역협정이다. 그러나 보통 모든 제한을 없애는 것은 아니고, 특정한 일부 품목만 관세를 물리거나 제한조치를 하고 있다. 예를 들어 우리나라는 미국과 FTA를 맺으면서 쌀 시장을 개방하지 않고, 국내 전체 소비량의 4%인 의무 수입량만 수입하고 있다.

현재 우리나라는 미국, 칠레, 싱가포르, EU, ASEAN, 인도, 페루, 터키와 FTA가 발효(46개 국) 중이고, 38건이 타결, 협상, 준비 중이다. 우리나라가 이처럼 FTA에 적극적인 이유는 무엇일까? FTA가 무역에서 주는 장점이 크기 때문이다.

쉽게 설명을 해 보자. 예를 들어 미국과 인도가 무역을 할 때는 관세가 적용되지만 한국을 거쳐서 무역이 이루어지면 관세가 적용되지 않는다. 미국—한국, 한국—인도 간에 FTA가 맺어져 있기 때문에 한국을 이용해서 무역을 하면 두 나라는 FTA 효과를 볼 수 있는 것이다. 그렇기에 한국이 다른 나라들보다 무역량이 많아지고, 무역이 많아지면서 부가적으로 생기는 수수료, 일자리, 금융수익 등이 발생한다. 그리고 무역의 중심국가가 되면 세계무역을 이끌어 나가는 리더의 역할을 수행할 수가 있다.

이를 더 쉽게 설명해 보자. 서울에서 부산을 가는 버스를 타면 버스비가 나오지만 대전을 거치는 버스는 버스비가 들지 않는다고 가정해 보자. 그러면 사람들은 서울에서 부산을 갈 때, 대전을 한 번 들린 다음에 대전에서 다시 부산으로 버스를 타고 갈 것이다. 버스비가 공짜이기 때문에 사람들은 이 방법이 효과적이라고 생각할 것이다. 그런데 대전은 버스비 없이도 다른 수익이 생긴다. 이 사람들이 한 번 내려서 밥도 먹고, 차도 마시고, 관광도 하고, 쇼핑도 하고 다시 부산으로 가는 버스를 타게 된다. 그러면 자연스럽게 대전의 경제는 활발해지고, 일자리도 늘어나게 된다.

그 외에도 더 중요한 효과가 있다. 우리나라는 칠레와 FTA를 맺은 덕분에 우리나라의 주력 수출품인 전자제품과 자동차를 관세 없이 칠레에 팔고 있다. 그런데 FTA를 맺지 않은 나라는 관세를 내고 팔아야 하기 때문에 우리나라 제품이 상대적으로 낮은 가격에 팔리게 된다. 똑같은 2,000만 원짜리 제품을 FTA를 맺은 우리나라는 무관세로 2,000만 원에 판매할 수 있다면, FTA를 맺지 않은 나라는 제품 가격에 관세가 붙어서 2,500만 원에 판매해야 한다면 당연히 우리나라 제품이 불티나게 팔릴 수밖에 없다.

장점이 있으면 단점도 있는 법이다. 우리나라는 전자제품과 자동차 수출에서는 유리한 고지를 차지했지만 대신 칠레산 포도를 무관세로 국내에서 팔아야 한다. 인건비가 높고, 땅 가격이 비싼 우리나라 포도는 당연히 칠레산 포도보다 비쌀 수밖에 없다. 칠레산 포도가 잘 팔리는 만큼 국내에서 재배된 포도는 타격을 입게 된다. 즉, 무관세로 들어오는 제품 덕분에 이득을 보는 업종과 손해를 보는 업종이 생기게 된다.

그래서 한미 FTA 체결 이슈가 있던 당시에 농민들의 반대가 심했었다. 반면에 자동차 회사들은 환호했다. FTA를 통해 누군가는 이득을 보지만 손해를 보는 업종도 있기 때문에 협상을 할 때 신중에 신중을 기해야 한다.

4장

경제교육 프로젝트 수업

🐷 나눔 장터 프로젝트 수업

가장 좋은 수업은 살아있는 수업이고, 살아있는 수업 중에서 가장 으뜸은 세상을 바꾸는 수업이다. 이 프로젝트 수업을 하기 전부터 세상을 바꾸는 수업을 해 보자는 꿈이 있었다. 그런데 이 꿈을 현실로 만들기 위한 상황이 생각보다 빨리 찾아왔다. 우리 학교의 가장 큰 단점은 학교 앞 회전교차로였다. 자동차를 위한 회전교차로는 있는데, 행인을 위한 신호등은 없었다. 아이들이 집에서 학교까지 걸어오려면 최소한 회전교차로에서 길을 두 번 정도 건너야 했다. 그런데 회전교차로는 커브형이다 보니 아이들이 길을 건널 때 자동차 운전자 시야에 잘 보이지 않는 경우가 많았다. 게다가 학교 앞인데도 불구하고 차들이 너무 빠른 속도로 회전교차로에 진입하기도 했다. 아이들은 위험에 속수무책으로 방치되었다. 학교와 학부모 모두

그림 4-1. 나눔 장터 프로젝트 수업 워크북 표지   그림 4-2. 나눔 장터 프로젝트 수업 재구성 워크북 내지1   그림 4-3. 나눔 장터 프로젝트 수업 재구성 워크북 내지2

가만히 있을 수 없었다. 회전교차로 폐지, 신호등 설치, 육교 설치 중 하나만 해 달라고 건의했으나 관련 부처들은 저마다 자기 업무가 아니라고 민원 핑퐁을 돌렸다. 교사들이 아침 등교시간에 아이들을 위해 몸으로 자동차를 막아 안전하게 건널 수 있게 해 주었지만, 본질적인 해결책이 될 수 없었다.

그러다가 아이들 수업과 회전교차로 문제를 동시에 해결할 수 있는 방법이 없을까 고민하게 되었다. 수업시간에 만든 결과물이나 배운 재주들로 지역 주민들을 초청해서 장터를 열고, 그 수익금으로 육교를 짓는 모금의 씨앗으로 활용하면 어떨까 생각했다. 우리 학교 옆에 있는 중학교와 유치원도 동참하고, 지역주민들이 많이 참여해 주어 이 문화를 계속 이어간다면 모금액과 지지자가 늘어나고, 정말로 육교가 생길 수 있지 않을까 하는 기대감이 생겼다. 하지만 아쉽게도 내 제안은 받아들여지지 않았다. 여러 사정이 있었으리라 생각한다. 그래도 이런 고민들은 나를 진짜 교사로 만들어 주었다. 내가 경제교육을 위해 어떤 일을 해야 할지를 알려 주는 계기가 되었다.

새로 옮긴 학교에서는 내 제안을 적극 받아들여 주었다. 어쩌면 허무맹랑해 보이는 이야기를 믿고 지원해 준 교장 선생님과 교감 선생님 이하 동료 선생님들이 있어서 세상을 바꾸는 첫 프로젝트 수업을 시작할 수가 있었다. 겨울방학 동안 꼬박 한 달 넘게 교육과정을 분석해 가며 나눔 장터 프로젝트 수업을 구상했다. 4~6학년에 맞는 수업으로 각 학년별 교육과정을 모두 재구성하였다. 그러고 나서 2년 동안 4번의 나눔 장터 프로젝트 수업을 진행할 수 있었다.

마을과 학교를 연결하기

우리 학교 주변을 둘러보니 아파트 단지 가운데 큰 광장이 보였고, 길 건너에 대형마트가 있었다. 아파트 광장에서 아이들의 물건을 판다면 지역주민들이 오가며 사줄 수 있다. 대형마트에서 아이들이 물건을 판다면 불특정 다수의 고객을 대상으로 객관적인 평가를 받을 수 있고, 마트와 경쟁을 통해 아이들이 경제교육을 할 수 있다고 생각했다. 교육이 반드시 학교 안에서만 이루어져야 한다고 생각하지 않았기 때문에 학교와 학교 주변의 마을에 장터를 여는 데에 어려움은 없었다.

그 밖에 학교 밖에서 필요한 부분은 협조를 구하기로 하였다. 아파트 관리사무소와 대형마트를 찾아가서 학교의 의도를 설명하고 협조를 요청했다. 관리사무소도 흔쾌히 허락을 했고, 대형마트와도 설득을 통해 업무협약(MOU)을 이끌어 냈다. 우리 학교에서 하는 교육활동에 마트를 적극적으로 활용할 수 있도록 지원받기로 했다. 마을 은행과 인근 대학교와도 MOU를 맺어 여러 방면으로 적극 후원을 받았다.

교육과정 재구성하기

나눔 장터는 교육과정을 재구성하는 좋은 주제가 된다. 어느 학년, 어느 학기에 놓아도 어울리는 주제로 동기유발부터 평가까지 할 수 있는 만능 키맨 역할을 한다. 동학년 선생님들과 3월이 되기 전에 모여 전지 가운데에 동그라미를 그리고 그 안에 '나눔 장터'라고

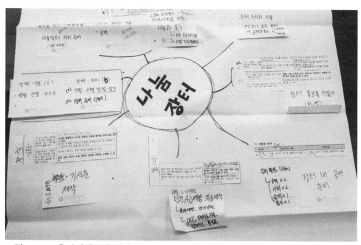

그림 4-4. 교육과정재구성 예시

적었다. 그리고 각자 교과서와 성취기준을 보며 마인드맵 형식으로 활동을 그리고, 그 옆에 성취기준을 오려 붙였다.

그렇게 모인 성취기준들 중 연결 가능한 성취기준은 합치고, 순서를 나열하였다. 그에 따라 활동 순서를 같이 나열하고, 차시를 정했다. 조정된 성취기준과 재구성된 내용에 맞게 평가기준도 고쳤다. 이렇게 나눔 장터라는 주제로 수업에서 평가까지 완벽한 하나의 프로젝트 수업이 완성되었고, 우리 학년은 4개의 프로젝트를 모아 하나의 워크북을 만들었다. 워크북으로 프로젝트 수업을 진행하니까 아이들의 결과물들이 흩어지지 않고 하나로 모였고, 이것들은 다시 평가에 활용될 수가 있었다. 덕분에 아이들의 생각의 변화와 배움의 변화가 일어나는 과정중심 평가가 가능해졌다.

판매 물건 만들기

장터라고 해서 돈을 버는 데만 집중하면 배움이 일어나지 않는다. 그렇다고 우리가 배운 것에만 집중하면 물건이 팔리지가 않을 수도

그림 4-5. 꽃바구니 만들기

그림 4-6. 과학주스 만들기

그림 4-7. 한지 등 만들기

그림 4-8. 한지 부채 만들기

그림 4-9. 천연 염색 파우치 만들기

그림 4-10. 한지 머리띠 만들기

있다. 그래서 수익과 배움 두 가지를 모두 만족시킬 수 있는 최상의 밸런스를 맞춰야 한다. 교과서에는 우리가 만들어서 판매할 수 있을 만한 사례가 많이 나온다. 특히 미술이나 실과 교과에 매력적인 상품이 많다. 두 교과의 비중을 살려 보석함, 한지 부채, 염색 손수건, 캘리그라피, 사진 찍기, 떡꼬치, 화채, 밥버거 등을 만들어 판매했다. 과학시간을 활용하여 친환경세제, 레인보우 주스도 만들었는데 장터에서 정말 대히트였다. 간이 사진기나 과학원리를 적용한 장난감 등도 잘 팔렸다.

교과서에서 판매할 만한 적절한 물건을 찾지 못했다면, 성취기준의 범위에서 아이들이 만들 수 있는 것을 찾아도 된다. 한 끼 식사를 만드는 것이 성취기준인데 교과서에서 김밥을 만드는 활동을 했다고 해서 굳이 김밥을 만들 필요는 없다는 의미이다. 밥버거, 주먹밥, 초밥, 샌드위치 등 한 끼 식사 대용품을 만들면 충분히 성취기준을 충족하는 활동이 된다.

모든 반이 같은 것을 팔 필요가 없다

첫해에는 모든 반이 같은 제품을 만들어서 팔아보았다. 같은 수업을 했으니 같은 제품이 나오는 것은 당연했다. 그러다 보니 다양성은 부족하고, 동일한 제품의 수량은 넘치도록 많아 판매가격이 내려가는 현상이 벌어졌다. 수요와 공급 법칙에서 수요는 한정적인데 공급이 너무 많다보니 생긴 일이었다. 그래서 다음 해에는 동학년 교사들이 모여 교과서를 찾아보며 만들 수 있는 작품을 쭉 나열해 보고, 각 반이 만들어서 팔 물건을 선택해서 골라서 학습준비물을 신청했다.

붓글씨라는 같은 주제라도 어느 반은 한지 보석함에 붓글씨를 쓰고, 어느 반은 부채, 어느 반은 헝겊 필통, 손수건에 붓글씨를 써서 다양한 제품을 만들었다. 품종이 늘고, 품종당 수량이 줄어 들자 보는 이도 만족스러웠고, 물건도 잘 팔렸다.

재주를 팔아 보자

물건만 파는 것은 범위가 한정적이다. 그래서 재주를 활용한 판매
도 허용했다. 구관조를 가져와서 동물체험을 하고 500원씩 받겠다
는 학생, 피아노 버스킹 공연을 해서 돈을 벌겠다는 학생, 대왕바둑
알을 가져와서 바둑을 알려 주겠다는 학생, 즉석사진을 찍어서 팔아
보겠다는 학생, 인형낚시를 만들어 보겠다는 학생, 물풍선 과녁을
만들겠다는 학생 등 다양한 의견이 나왔고, 모두 수용해 주었다. 아
이들은 자신의 아이디어와 재주가 수익이 될 수 있다는 사실에 매우

그림 4-11. 인형과 사진 찍기

그림 4-12. 자석 낚시

그림 4-13. 대왕 바둑

그림 4-14. 피아노 연주

기뻐했고, 열심히 준비하고 활동했다.

나눔 장터는 근로자의 날에 열었다. 평일이면서 학부모님들이 쉬기 때문에 장터 방문에 협조적이다. 우리 학교는 봄 축제날 나눔 장터를 같이 열었는데, 재주를 파는 아이들 덕분에 다양한 이벤트를 여니 물건만 파는 것보다 훨씬 더 축제 같았다.

자기평가: 판매가격 스스로 정하기

작품을 만든 아이가 스스로 물건 가격을 정하고, 물건에 가격 스티커를 붙여 판매하도록 하였다. 자신이 만든 물건을 천 원 정도 받으면 되겠다고 생각하는 아이도 있었고, 오천 원은 받아야 한다고 생각하는 아이도 있었다. 자신이 생각하는 물건에 대한 만족도와 기대치가 다르기 때문에 아이들 생각을 그대로 수용해서 자기평가로 활용하였다.

동료평가: 판매가격 조정하기

물건을 잘 만들었음에도 자기 물건에 대해 겸손한 평가를 내린 학생들도 있었다. 우리 반은 명품관이라는 코너를 만들었다. 명품관에서 일하는 학생들은 잘 만들어진 물건을 골라 명품관으로 들여오고, 너무 낮게 책정된 물건은 적정한 가격표를 새로 달아주었다. 이를 통해 자신의 물건을 동료평가해 볼 수 있었다.

그리고 물건을 판매하면서 팔리지 않는 물건은 주인이 가격을 조정할 수 있도록 하였다. 삼천 원에 팔려고 했던 물건이 팔리지 않아

가격을 조정하여 이천 원에 판매하게 되면서 판매 가격에 생각의 차이가 있음을 알 수 있는 기회가 되었다. 장터가 끝나고 이런 경험들을 감상문에 적게함으로써 자기평가와 동료평가에 대한 차이와 이유를 스스로 분석해 보도록 하였다. 감상문을 쓰고 나면 아이들이 자신의 작품에 한없이 관대하고, 타인의 작품에 인색한 시야가 많이 해소된다. 신기하게도 대부분의 물건이 결국 팔리기 때문에 자신감을 잃는 아이들은 없었다.

진짜로 얻은 것은 돈이 아니라 아이들!

솔직히 이 프로젝트를 시작하면서 '과연 아이들이 만든 물건이 팔릴까?' 하는 의문 때문에 걱정을 많이 했다. 함께 준비한 선생님, 부모님, 학생들 모두 '과연'이라는 의문을 품었다. 그래도 교육활동으로서 충분히 의미 있다고 판단했고, 실패를 하더라도 그 과정 안에서 교훈을 얻을 수 있을 것이라고 판단해서 추진하였다.

다행히 물건은 불티나게 팔렸고, 우리가 우려했던 상황과 정반대의 상황이 벌어졌다. 2시간으로 계획했던 장터는 1시간 만에 물건이 모두 매진되어 조기 종료되었다. 이렇게 4번의 장터를 진행하면서 아이들이 얻은 것이 하나 있다. 자신이 수업시간에 만든 물건을 누군가가 돈을 주고 사가면서 얻는 자심감이다. 이 특별한 경험을 한 아이들은 '앞으로 더 열심히 수업에 참여해서 다음에는 더 비싸게 팔았으면 좋겠다'는 생각을 가졌다. 그 후 아이들의 수업태도가 달라졌다. 만들기 수업을 할 때 대충대충 하던 아이들도 더 세밀하고 성실하게 수업에 참여하는 모습을 확인할 수 있었다.

국어, 수학, 사회, 도덕 과목과 연계

나눔 장터 프로젝트 수업은 과학, 실과, 미술 과목이 가장 주력이
된다. 아무래도 보여지는 결과물이 더 많고, 화려하기 때문이다. 하
지만 다양한 교과가 결합되어야 복합적인 문제를 해결하는 프로젝
트 수업으로서 의미가 있다. 그래서 국어, 수학, 사회, 도덕 교과까지
총 7개의 교과목을 모두 결합하여 완벽한 프로젝트 수업으로 거듭
났다.

국어 시간에는 광고문 작성하기, 광고문 만들기(미술), 광고문 게
시하고 홍보하는 수업을, 수학 시간에는 필요한 물품 예산 작성하
기, 수익금 계산하기, 물품 나누기, 최적의 수익모델 만들기 수업을
진행하였다. 사회 시간에는 조선 전기의 상업(육의전, 장시)과 화폐
(상평통보), 무역의 발달을 다루며 우리 장터와 비교하고 공통점과
차이점을 나누어 보았다. 도덕은 이웃사랑 및 실천과 연계하여 수업
하였다.

여러 교과목 중 특히 광고문 만들기는 국어와 미술의 완벽한 만남
이었다. 국어시간에 광고 글에 대해서 배운 뒤, 허위광고가 아닌 진
실한 광고 문구를 만든다. 그리고 미술시간에 이 광고 문구를 살려
A4용지로 광고포스터를 만들었다. 이렇게 만든 광고포스터를 들고,
아이들과 함께 아파트 관리사무소로 가서 엘리베이터에 게시할 수
있도록 요청하고, 직접 게시하도록 하였다. 지역 주민들은 아이들이

만든 광고문을 보고, 나눔 장터로 온다. 아이들은 수업시간에 만든 포스터를 자신이 사는 동네에 직접 붙여 보며 내가 만든 광고가 실제로 활용되는 상황에 놀라고 기뻐한다.

이런 경험을 하게 되면 수업이 재미있어진다. 내가 배운 것이 학교 밖으로 나가서 실제로 활용될 수 있다는 생각을 하게 되고, 어떻게 하면 내가 배운 것을 활용하여 세상을 긍정적으로 변화시킬 수 있을까 고민하는 민주시민정신을 갖게 된다.

온 마을이 소통하다

나눔 장터 프로젝트 수업은 아이들의 경제교육과 교과융합이라는 목표가 있었지만 사실 마을과 학교가 소통하며 더욱 의미가 있었다. 시골이든 도시든 마을 곳곳에는 학교가 있다. 학교가 중심이 되어서 마을이 화합되는 장을 열어야 한다. 도시화 이전에는 학교에서 운동회가 열리면 마을잔치가 같이 벌어졌다. 아이들이 열심히 달리면 주민들이 응원해 주고, 음식도 나눠 먹고, 경품행사도 함께 참여하면서 온 동네 사람들이 모두 모여 하나 되던 시절이 있었다.

그런데 도시에서는 주민들과 교사, 학생이 하나가 될 수 있는 기회가 거의 없다. 운동회도 학생들끼리만 하고, 시끌시끌한 소리가 나지 않아 옛날의 느낌이 나지 않는 경우가 많다. 이번 나눔 장터를 통해서 다시 지역주민과 학부모, 교사, 학생들이 모두 어우러져 같이 친해지는 계기를 만들어 주고 싶었다.

이러한 마음이 전해졌는지 학부모님들은 봉사를 자처하였고, 장터에서 먹거리를 판매해 주셨다. 아이가 없는 지역주민들도 나눔 장터에 기꺼이 방문하여 물건을 구입해 주며 아이들의 수고를 격려하고 응원해 주었다. 지역에 기반을 둔 업체들은 나눔 장터의 성공을 기원하면서 타월, 꽃, 과자 등을 기부해 주어 수익금에 보탤 수 있었다. 학교 주변 아파트 관리사무소는 엘리베이터에 광고문을 게시할 수 있도록 허락해 주었고, 장터가 열리는 당일 아파트 방송을 통해 장터 홍보도 해 주었다. 대형마트는 일주일 전부터 홈페이지와 전광판에 우리 아이들의 물품을 홍보해 주고, 마트 안에서 판매를 할 수 있도록 장소를 제공해 주었다.

학교 안에서만 물건을 팔기로 했다면 이런 소통이 벌어지기는 어려웠을 것이다. 학교로서는 조금 귀찮은 일이지만 직접 아파트 단지나 마트로 물건을 가지고 나가서 팔면서 지역주민들과 화합을 이끌어 낼 수 있었다. 실제로 나눔 장터 이후에 학부모님들이 주축이 되어 학부모 바자회 장터가 열렸다. 간식, 음료, 책, 장난감 등 기증받은 물품들을 팔아 얻은 수익금을 나눔 장터처럼 불우이웃을 돕는데 기부했다.

수익금은 다시 마을로

우리가 돈을 벌 수 있었던 것은 우리의 물건을 사준 지역주민들이 있었기 때문이다. 총 수익금 230만 원은 우리의 돈이 아니라 지역주민의 돈이니 수익금을 뜻깊게 쓰는 것이 진정한 의미의 경제교육이 될 수 있다.

그래도 아이들이 땀 흘려 번 돈이니, 어떻게 사용하면 좋을지 의견을 물었다. 여섯 학급의 같은 번호들이 만나 한 모둠이 되어 수익금을 어디에 활용할지 의견을 적어 보도록 하였다. 아이들끼리 합의하여 적은 의견 종이를 모아보니 총 24개였다. 공통되는 곳을 수합해 보니 우리 지역 내에 고아원, 양로원, 밥차, 연탄은행, 독거노인, 소년소녀가장에게 기부하자는 의견이 많았다. 그리고 학생들을 위해 수고해 주시는 아파트 경비실, 관리사무소, 경찰서, 소방서, 주민센터, 우체국에 방문하여 감사의 마음을 전하자는 의견도 있었다.

기부가 필요한 곳에는 지정기탁으로 돈을 기부했고, 인근 주변에는 떡과 감사의 편지를 담아 아이들과 직접 가서 전달하였다. 도덕 교과의 이웃사랑 실천하기와 연계할 수 있었다. 수업시간에 편지를 쓰고, 다짐하며 이웃사랑을 배우는 것이 아니라 직접 기부하고, 감사하는 마음을 전달하며 아이들이 진정한 이웃사랑이 무엇인지를 몸으로 실천하는 경험을 했다. 아이들에게 이웃사랑은 교과서에 있는 지문이 아니라 지금처럼 몸으로 행동하는 것이라고 알려 줄 수 있어서 정말 기뻤다.

나눔 장터는 한 번으로 끝나지 않았다. 다음 해에는 5, 6학년이 같이 나눔 장터를 열어 300만 원을 지정기탁하였다. 매년 기부를 하다 보니 우리 학교에는 이웃사랑을 실천하는 문화가 자연스럽게 정착되었다. 교실 안에서 교사의 말로만 교육을 하는 학교가 아니라 행동하는 학교가 되었고, 더 나아가 우리 학교에 다니는 아이들이 말보다 행동이 앞서는 아이들로 자랄 수 있지 않을까 희망하게 되었다.

나와 우리 학교 선생님들은 이웃사랑을 실천하는 문화가 더 퍼지길 원했다. 주변 학교와 마을로 확대되었으면 하는 바람을 담아 나눔 장터를 적극 홍보하고, 외부에서 강연을 할 기회가 있을 때마다 이런 프로젝트 수업이 있다는 것을 알렸다. 홍보의 효과인지, 나눔 장터 프로젝트 수업의 교육과정이 좋아서인지 우리 학교처럼 나눔 장터를 하는 학교가 늘어났고, 세종시 여러 학교에서 나눔 장터 프로젝트를 진행하겠다며 자료를 요청한다는 문의를 받았다.

육교를 짓겠다는 꿈은 이루지는 못했다. 하지만 우리 학교, 우리 마을, 우리 시에 이웃사랑을 실천하는 문화를 만들고 퍼트렸다는 점에서 매우 기뻤다. 수익금을 학교 안에서 활용하기보다 어려운 이웃과 나누기로 결정하고, 그 기부처를 아이들이 협의를 통해 정하도록 하였다는 점에서 나눔 장터 프로젝트 수업은 의미가 있다. 어리지만 민주시민으로서 역할을 다하고 있는 아이들을 보며, 이 아이들이 자라서 어른이 되면 더욱 따뜻해질 사회를 기대해 본다.

그림 4-15. 2017년 나눔 장터 수익금 기부　그림 4-16. 2018년 나눔 장터 수익금 기부

푸드코트 프로젝트 수업

한국개발연구소(KDI)에서는 다양한 경제교육 프로젝트 프로그램과 교재가 있다. 초등, 중등, 고등에서 각각 적용할 수 있도록 프로그램이 수준별로 상이한데 중등의 경우 자유학기제와 연계할 수 있는 수업이 다양하다. 우리 학교에서는 초등 프로그램인 '푸드코트를 부탁해'와 '용돈관리의 달인' 두 프로젝트를 진행하였다. 교육과정을 프로젝트에 맞게 국어, 수학, 실과, 사회, 도덕 등 여러 교과의 관련 차시를 묶어 성취기준과 평가기준을 새로 정리했다. 이렇게 확보한 수업시간에 두 수업을 진행했는데 아이들이 꽤나 흥미로워했다.

프로젝트(PBL) 수업은 문제를 제시하고 아이들이 해결해 나가는 과정에서 배움이 이루어진다. 현실과 가까운 문제를 제시하면 아이들의 이해도나 학습 효과가 좋은 편이다. 우리 반에서는 학교매점이라는 문제를 던져 주고, 아이들이 푸드코트를 운영하기 위한 조건들을 주었다.

아이들은 조건 안에서 수익을 최대로 내기 위해 비용 절감, 수요조사, 메뉴 결정, 재료 구입, 판매, 발표 등 다양한 활동을 거친다. 이 활동에는 여러 교과 지식이 섞여 있어 복합적으로 사고를 해야 문제 해결에 가까워질 수 있다. 이 매력적인 과정은 아이들이 문제에 집중할 수 있도록 도와주고, 학습의 필요성을 느껴 아이들이 스스로 학습하도록 해 주었다. 문제를 해결하는 과정에서 학교에서 가르쳐 주지 않는 지식들도 자발적으로 학습하고 문제해결에 적용하는 모습을 보여 주었다.

아이들은 마트에서 장을 볼 때 비용을 절감하기 위해 스스로 단위당 가격을 계산하기 시작했고, 대량으로 사서 다른 모둠과 나누는 공동구매를 하기도 했다. 좋은 재료를 살 것인지 값싼 재료를 살 것인지 각자의 주장을 근거를 들어 서로 짧은 토론을 벌이기도 했고, 시간을 효과적으로 쓰기 위해 서로 역할을 나누어 물건을 사기도 했다.

물건을 파는 과정도 흥미로웠다. 가르쳐 주지 않아도 다양한 전략을 쏟아냈다. 미끼상품, 원 플러스 원, 3번째 구입 시 무료 등 마트에서 볼 수 있는 마케팅 전략들과 남은 재료와 부족한 재료의 간극을 극복하기 위해 즉석에서 신메뉴를 만들어 내거나, 크기를 조절한 상품을 내놓는 등 이윤을 최대로 내기 위한 활동을 볼 수 있었다.

소비자들도 처음에는 그냥 사 먹다가 나중에는 메뉴의 양과 재료, 가격을 비교하면서 가격 대비 더 좋은 메뉴를 사려고 했고, 이를 근거로 다른 코너에 가서 가격을 흥정하는 모습을 보여 주었다.

프로젝트 수업의 꽃은 마지막 결과발표이다. 사업 종료 후 결과보고서를 발표하도록 하였는데 초등학생 수준이라고 하기에는 너무도 훌륭한 말들이 나왔다. 푸드코트를 운영하기 위해 어떤 전략을 짰고, 성공 요인과 실패 요인은 무엇인지 분석할 줄 알았다. 수요 조사, 제조 방식, 재료, 가격, 마케팅 중에 어디에 문제가 있었는지 파악하고, 다음에는 어떤 방법으로 접근하면 성공할 수 있겠다는 보완점까지 내놓았다. 아이들의 분석력을 보며 깜짝 놀랐었다.

◑ 푸드코트 프로젝트 기본 구성 ◑

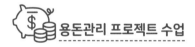용돈관리 프로젝트 수업

6학년 실과교과에 용돈관리를 배우는 차시가 있다. 이를 그냥 가르치는 것보다는 국어, 수학 교과와 연계하면 용돈교육과 교과수업, 재미를 모두 잡을 수 있겠다는 생각이 들었다. 그래서 프로젝트 수업을 기획하고, 교과 재구성을 하였다.

용돈관리 프로젝트 수업의 기본 원리는 가상의 인물을 만들어서

그림 4-17. 사업계획서 작성

그림 4-18. 사업계획서 발표

그림 4-19. 장보기

그림 4-20. 판매

그림 4-21. 음식 평가

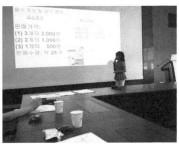

그림 4-22. 사업보고서 발표

문제상황을 제시하고 소비습관에 어떤 문제가 있는지 찾아 처방한 다음 상처받지 않도록 편지를 써서 문제를 해결한다는 내용이다. 용돈관리 수업을 준비하면서 예상치 못했던 장벽에 부딪쳤다. 용돈을 받는 아이들이 많지 않았던 것이다. 내가 어렸을 때만 해도 대부분의 아이들이 부모님께 용돈을 받았다. 주로 현금을 사용하였기 때문에 용돈을 현금으로 받아 아이들이 스스로 돈을 쓰고 모으는 활동이 가능했었다.

그런데 요즘에는 카드 사용이 만연한 탓인지 중·고등학생 대부분은 용돈을 은행계좌로 받고, 체크카드로 사용하였다. 또한, 물건을 구입하면 다음날 바로 받을 수 있는 온라인쇼핑이 성장하며 아이들이 직접 물건을 사는 경험을 하지 못하는 경우가 다반사였다. 현금을 만져 볼 기회가 적었기 때문인지 아이들은 돈을 사이버머니, 게임머니 같은 가상의 것이라 느끼는 듯했다.

환경이 이렇다 보니 아이들이 제대로 된 소비를 할 리가 만무했다. 부모님들도 아이들에게 용돈으로 얼마를 주어야 할지도 모르는 경우가 많았다. 용돈을 안 받는 학생부터 한 달에 20만 원 가까이 받는 초등학생까지 편차가 너무 심했다. 그래서 각 가정에 용돈관리 교육을 하려 하니 한 달 정도 용돈을 주고, 스스로 소비해 볼 수 있게 해 달라고 부탁드렸다. 덧붙여 용돈이 과도하게 많으면 해가 될 수 있으니, 적정한 수준으로 용돈을 정해서 주시기를 당부 드렸다. 아이들이 용돈을 받을 수 있는 환경을 만든 뒤에야 용돈기입장을 4주간 쓰게 할 수 있었다. 그리고 한 달이 지나서야 용돈관리 프로젝트가 가동되었다.

아이들은 가상의 인물을 보며 쯧쯧거렸다. 그러고는 자신들이 가상 인물의 소비습관을 고쳐 주겠다며 원인을 분석하기 시작했다. 소비 유형, 편지지 작성, 발표 등 프로젝트 활동에 열을 내며, 엄청난 집중력으로 몰입하기 시작했다. 가상 인물이 실제 자신들과 똑같다는 것은 짐작도 못하고, 그저 감정이입을 하는 모습을 보며 슬며시 웃음이 나기도 했다. 용돈관리 프로젝트 수업이 끝났을 때, 우리 반 아이들 모두 용돈관리 컨설팅의 전문가가 되어 있었다. 이제 본인의 용돈 관리를 스스로 컨설팅하기만 하면 완벽한 전문가가 될 것이다.

신도시 프로젝트 수업

우리 학교는 신도시에 있다. 그래서 도시가 계획적으로 정돈이 잘 되어 있고 깔끔하지만, 아직 편의시설이 다 갖추어지지 않아 불편한 점이 한두 가지가 아니다. 그래서 주민들의 불만이 지자체에 빗발치고, 지자체는 예산 부족으로 모든 것을 한 번에 들어줄 수 없어 답답해 한다.

프로젝트 수업으로 현재 우리 동네의 문제를 해결하는데 일조해 보기로 하였다. 아이들이 경제를 배우고, 동네의 문제를 찾아내고, 해결 방법까지 제시하는 과정을 통해 배움도 늘고, 아이들이 제시한 해결 방법으로 동네의 문제가 해결될 수도 있다면 신도시 프로젝트 수업은 성공의 성공이라 할 수 있을 것이다.

만약 아이들이 정답을 제시하지 못했다고 하더라도 학교 안에 갇혀 있던 시야가 학교 밖을 향하게 되고, 세상의 문제에 관심을 갖게 되는 진정한 시민이 될 수 있으니 얼마나 좋은가. 또한 학생들의 활동을 보면서 어른들도 시에 불만만 표출할 것이 아니라 현실적인 대안을 고민하고, 제시해 보며 문제를 함께 해결하고자 할 가능성도 생긴다.

신도시 프로젝트 수업은 영재학급 아이들과 진행하였다. 문제가 너무 산재해 있어서 문제를 찾아내는 것이 어려운 일이 아니었다. 그 많은 문제점 중에 더 심각하고, 시급한 문제를 고르는 것이 일이었다. 교실 안에서는 우리 시의 문제를 찾을 수가 없어 아이들과 함께 밖으로 나섰다. 교문 밖으로 몇 걸음 정도 나가자마자 우리 시의 문제점이 눈에 들어왔다. 왜 버스는 오지 않을까? 버스 도착 알리미 시스템이 있으면 좋을 텐데 왜 없을까? 수영장, 어린이 도서관, 노인회관, 건강체육센터, 야간 의료시설, 가로등, 방범용 CCTV 등 꼭 필요한 복지시설이 왜 우리 동네에 없거나 부족할까? 같은 문제를 아이들이 속속 찾아냈다.

시청을 설득하려면 다양한 연령층의 사람들을 많이 만나서 수요 조사를 하고 통계를 내야 한다고 알려 주자 아이들은 즉각 움직였다. 시청으로 가서 시민들과 길거리 면담을 하며 시민들이 무엇을 원하는지 연령대별로 의견을 알아낼 수가 있었다. 학교 주변, 버스정류장 주변, 집 주변에서 마주치는 어른들과 아이들이 어떤 의견을 가지고 있는지 추가 조사도 했다. 그 덕분에 의미 있는 의견이 모아지기 시작했다. 그래도 부족한 부분은 동네 주민들이 모인 인터넷 카페에 글을 올리고 댓글을 받아 통계를 작성하였다. 아이들의 노력으로 연령대별로 100명이 넘는 사람들의 요구사항을 모을 수 있었다.

우리가 요구하는 시설이나 서비스를 설치하려면 예산이 얼마나 필요한지도 알아보았다. 그런 다음 시청 홈페이지에 들어가서 우리 시를 분석했다. 우리 시가 한 해에 사용하는 예산을 확인하고, 올해 사용 가능한 예산 안에서 우리가 원하는 복지시설을 새로 지으려면 얼마나 부족한지, 부족한 예산은 어떻게 충당할 것인지 논의하도록 하였다. 세금을 추가로 걷을 땐 모두에게 똑같이 부여할 것인지, 시설을 사용하는 사람에게만 추가로 내라고 할 것인지, 소득에 따라 부과할 것인지 논의했고, 세금의 종류는 어떤 것들이 있는지를 알아보았다. 우리 시의 연령분포도를 통해 많은 비중을 차지하고 있는 연령을 확인해 보고, 어떤 복시시설을 먼저 요구하는 데 집중하는 것이 더 효과적인지 토론해 보았다.

이런 과정을 거쳐 아이들 각각이 시장, 시민단체, 주민, 학생 등 다양한 역할을 맡아서 어떤 질문을 할지, 그리고 어떻게 답변할지 연습한 다음 상대의 발표에 질문하고 답하는 공청회를 가졌다. 이를 통해 선발된 가장 우수한 제안서를 가지고 시장님께 편지를 써서 보내는 활동으로 신도시 프로젝트 수업을 마무리하였다.

아직 아이들의 제안서가 채택된 적은 없지만 아이들과 부모님들이 만족하는 마을로 거듭나고 있다. 실제로 시간이 지나면서 주민들이 요구한 시설이나 서비스가 새롭게 생겨나기도 했다. 아마도 우리 아이들 노력이 일정부분 반영되었을 것이라고 믿고 있다. 신도시 프로젝트 수업은 초등학생에게도 충분히 효과적인 수업이 가능했다. 중·고등학생을 대상으로 해 본다면, 더욱 깊이 있고, 의미 있는 수업으로 나아갈 수 있을 것이라 기대한다.

5장

더불어 함께 사는 사회적 경제교육

사회적 경제란 무엇인가?

　사회적 경제라는 단어가 생소하게 느껴질 수 있다. 사회적 경제란 그동안의 경제 방식의 부작용을 벗어나 혼자만 살지 말고, 같이 잘 살아보자는 의미를 담은 사회적 가치에 목적을 둔 경제 활동이라고 볼 수 있다.

　기존의 경제는 자본을 중심으로 생각했다. 어떻게 하면 자본을 더 효율적으로 운용할 것인가를 목표로 하다 보니 사람은 도구의 역할을 하는 경우가 많았다. 사회적 경제는 자본보다 사람을 우선하는 경제개념이며, 이윤 창출보다 사회적 가치 실현을 최우선 목표로 한다. 공동체의 이익, 민주적인 의사결정, 지속가능성 등의 가치를 추구한다.

사회적 경제는 공공과 민간에서 공급되지 않는 서비스를 제공하기도 한다. 예를 들어 학교 안에 매점은 국가에서 주도할 만한 일은 아니고, 민간에서 장사를 하기에는 큰 수익이 나지 않는다. 그렇기 때문에 학교에 매점이 없는 경우가 많다. 이럴 때 학생과 학부모 주도로 학교 안에서 학생들이 건강한 먹거리를 먹을 수 있도록 매점을 만들고, 수익금을 학교를 위해 사용한다면 이는 사회적 경제를 실천하고 있다고 볼 수 있다. 사회적 경제의 특징은 자발적이라는 점이다. 소비자와 판매자가 자발적으로 필요성을 깨닫고 사회에 필요한 서비스나 재화를 공급한다는 특징이 있다.

사회적 경제는 1980년대 이후 사회문제 해결을 위해 등장했다. 유럽과 미국 등 선진국에서 시작되었으며, 처음에는 사회적 양극화와 배제 문제가 증가하면서 사회적 경제의 필요성이 대두되었다. 지역사회 안에서 협동조합의 공익적인 활동을 통해 사회적 문제를 완화하는 역할을 하며 긍정적인 효과를 보았다. 우리나라에서도 공공근로, 자활기업 등 사회적 일자리 사업을 추진하면서 취약계층에게 일자리를 제공하는 형태로 활동하고 있다.

우리나라는 빈부의 격차로 취약계층이 증가하고, 지속적인 고용시장의 불안정으로 신규 일자리의 창출에 어려움을 겪으며 사회적 경제의 필요성을 절감하고 있다. 우리 사회는 갈수록 초고령화, 다문화화되며 다양한 영역에서 복지정책을 요구하는데, 국가의 복지 재정은 부족하고, 기업들의 투자는 위축되어 소외된 사람들에게 필

요한 서비스가 전달되지 않고 있다. 사회적 기업과 조직의 활동을
통하여 이러한 문제가 해결되길 희망한다.

사회적 경제 조직 구성

구분	마을기업	사회적 기업	협동조합
사업목적	지역공동체 활성화 지역발전	취약계층 고용창출	조합원의 경제적 이익
사업대상	마을주민	취약계층	시민
사업주체	마을공동출자자	대표자	공동출자자
주무관청	행정자치부	고용노동부	기획재정부
시행연도	2010년	2007년	2012년

 왜 학교에 사회적 경제가 필요할까?

앞에서도 말했지만 우리나라는 압축성장을 통해 경제가 발전했
다. 지하자원도 석유도 기술도 없이 무에서 유를 만들기 위해 경쟁
과 집중을 통해 선진국 대열에 합류한 기적을 일궜지만 고속성장에
따른 부작용도 나타나고 있다.

도시와 농촌의 격차, 빈부격차, 대기업과 중소기업의 격차, 다문화
문제, 청년실업 문제, 환경 문제, 저출산 문제, 노인 문제 등 다양한
사회 문제를 해결하지 못하고 있는 상황이다. 지금도 문제가 심각한
데 우리 아이들이 사회에 나갈 때쯤이면 이러한 사회 문제는 해결할

수 없는 수준까지 이를지도 모른다.

그래서 학교에서부터 학생들이 우리 주변에서 일어나는 여러 가지 사회 문제에 관심을 가지고 해결해 나가려는 의지를 가져야 한다고 생각한다. 지금까지는 경쟁에서 이기고 혼자 잘 살아도 되는 세상이었지만 앞으로는 혼자만 잘 살 수 없는 세상이 될 것이다. 협력하고, 배려하고, 균형을 맞춰 나가며 함께 생존하는 세상이 될 것이다. 그래서 지금부터 학교가 나서서 사회적 경제에 대한 이해를 돕고, 이를 실천할 수 있는 밑거름이 되어야 한다.

서울시의 경우 사회적 경제의 중요성을 이해하고, 사회적 경제 초·중·고등학교 교과서를 만들어 관내에 배부하였다. 사회적 경제를 초등학교부터 고등학교까지 단계적으로 배울 수 있도록 체계화했다는 점에서 의미가 있다.

한 학교 안에서 사회적 경제 교과서를 만들기는 어렵겠지만 교육 과정에 맞추어 워크북을 만들 수는 있을 것이다. 초등 5학년의 경우 경제성장의 빛과 그림자를 다루는 단원이 있는데 이를 중심으로 국어, 도덕, 수학, 미술, 실과 등의 교과를 재구성하여 한 달 정도의 프로젝트 워크북을 제작한다면 우리만의 사회적 경제 교과서가 될 수 있다.

초등학교 4학년의 경우 사회 과목에 소비자 교육 단원이 있다. 소비자 교육을 사회적 경제의 의미와 결합하여 도덕, 국어와 같이 주제를 통합하여 수업을 한다면 4학년에서도 훌륭한 사회적 경제 수업이 가능하다.

6학년도 가능하다. 사회과 세계시민교육 단원과 결합하여 다문화 교육에 실과의 용돈관리 부분을 합쳐 사회적 경제 수업을 진행한다면 하나의 프로젝트 수업이 가능하다.

초등학교에서 이처럼 사회적 경제 프로젝트 수업을 쉽게 짤 수 있는 것은 10개의 교과와 수십 개의 단원이 존재하기 때문이다. 어떠한 재료를 선택해서 담아도 멋진 사회적 경제 요리가 만들어질 수 있는 것이다.

중학교는 교과간의 결합이 쉽지는 않다. 대신 학생들의 자율성과 능력이 뛰어나고, 자유학기제라는 강력한 장점이 있다. 자유학기제 수업의 일환으로 사회적 경제 수업을 해 볼 수도 있을 것이다. 사회과 수업 형식으로도 가능하고, 자유주제로도 가능하고, 동아리 형식으로도 가능하다. 자유학기제가 자유학년제로 확대됨에 따라 사회과 경제 프로젝트를 해 볼 만한 환경이 더 좋아졌다.

고등학교에서는 교과와 연계하기보다 동아리 활동으로 풀어나가는 방법을 추천한다. 사회적 경제 동아리를 만들고, 학생들이 주체가 되어서 학교협동조합을 구성하며, 아침 매점이나 교복 은행을 운영해 보도록 한다. 중간중간 사업전략을 수정하고 다듬어 가며 경영학과 창업을 현장에서 익힐 수도 있고, 대학 수시에 지원할 때 자기소개서에 동아리 활동 경험을 적을 수도 있을 것이다. 진짜 사업을 해 본 고등학생이 쓴 자기소개서는 경험담을 진솔하게 적기 때문에 읽는 사람들이 공감을 할 수밖에 없다. 학생에게도 학교에도 서로 윈윈이 되는 일이 이 사회적 경제 프로젝트 수업이다.

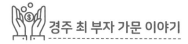

경주 최 부자 가문 이야기

1. 과거를 보되 진사 이상은 하지 마라. → 권력과는 일정한 거리를 두어라.
2. 재산은 만 석 이상 모으지 마라. → 욕망을 절제하라.
3. 손님을 후하게 대접하라. → 덕을 쌓고 인심을 얻어라.
4. 흉년기에는 재산을 늘리지 마라. → 남의 불행을 기회로 삼지 마라.
5. 사방 백 리 안에 굶어 죽는 사람이 없게 하라. → 가진 것을 이웃과 나눠라.
6. 며느리들은 시집 온 후 3년간 무명옷을 입어라. → 근검절약하라.

위 6가지 생활지침은 경주 최 부자 가문의 '육훈'이라는 가훈이다. 최 부자 가문은 부자로 3대를 유지하기 어렵다는 말과 달리 300년 간 12대 동안 만석꾼으로 부를 유지하였다. 위의 육훈 외에도 많은 선행을 베풀고, 독립운동자금을 지원하는 등 지금도 존경받는 조선의 노블리스 오블리주의 대표 사례로 꼽힌다.

사람은 부를 쌓게 되면 욕심이 이성을 지배하게 된다. 그래서 부자가 될수록 존경받지 못할 일을 많이 하게 된다. 재산을 일정 수준 이상 더 모으지 않고, 일정 수준에서 만족하는 절제는 존경받는 부자들의 첫 번째 덕목이다. 경주 최 부자 가문은 가훈 때문에 풍년이 들면 소작료를 낮춰서 창고의 쌀이 만석이 넘지 않게 유지했다고 한다. 사회적 기업도 더 수익을 낼 수도 있음에도 불구하고 일정부분의 수익을 포기하고 사회적 가치를 실천한다는 점에서 절제가 중요하다고 볼 수 있다.

옛날에 흉년이 한 번 들 때마다 평민이 줄어들고, 노비들이 늘어났다는 기록이 있다. 흉년이 들면 농민들이 가족들 밥을 굶기지 않으려고 땅을 파는 경우가 많았는데 부자들은 이때 땅을 헐값에 사들일 수가 있었다. 보리 한 말에 땅을 팔았다는 기록이 있을 정도였으니 얼마나 헐값인지 실감할 수 있다. 그래서 부자들은 풍년이 들면 더 많은 곡식을 거두어들이거나 땅을 비싸게 팔아 부를 축적해서 계속 부자가 될 수가 있었다. 그러나 최 부자 가문은 쉽게 돈을 벌 수 있는 방법을 쓰지 않았다. 남의 불행한 기회에 자신의 재산을 불리는 상도덕에 어긋나는 행동을 하지 않았다. 오히려 사방 백리 안에 굶어 죽는 자를 구제하려고 창고를 풀어 백성들을 먹여 살렸다.

이런 덕을 베풀었기에 화를 피할 수 있었던 것일까? 민란이 벌어진 때에도 경주 최 부자 가문만은 습격을 당하지 않고 화를 피할 수가 있었다고 한다. 민심을 잃은 부자였다면 민란 때 재산과 생명을 모두 부지하기 어려웠을 것이다.

사회적 경제도 마찬가지다. 누군가를 돕거나 함께 사는 사회에 가치를 두는 기업이나 조합은 당장의 수익이 좋지 않을 수도 있지만 길게 보면 사회 모두에게 이익이 될 수 있다. 나무를 보기보다 숲 전체를 볼 수 있는 경제적 관점, 같이의 가치를 가는 길이 사회적 경제이다.

새로운 경제개념 - 공유경제

교과서에서는 아직 다루지 않지만 우리 아이들이 살아가는 데 공유경제가 큰 영향을 끼칠 것이라는 사실은 예측할 수 있다. 우리의 삶에 벌써 공유경제의 개념이 하나씩 들어오고, 삶에 녹아들고 있다. 교사가 공유경제에 대해서 알아야 수업 시간에 왜 물건을 공유해야 하는지, 또 공유경제가 왜 사람들에게 도움이 되는지 아이들의 시선에서 사례를 들어 알려 줄 수 있다.

1. 공유숙박

집은 내 집과 빌린 집으로 나눌 수 있다. 그러나 최근에는 집을 공유하는 사례가 생기기 시작하였다. 비싼 원룸이나 집을 구하기보다는 한 주택에서 여러 사람이 모여 살면서 개인의 방은 사생활 공간이 되고, 거실, 주방, 욕실은 공유해서 사용하는 셰어하우스가 등장하였다.

주거비가 비싼 외국에서는 셰어하우스가 당연한 문화로 받아들여졌지만, 최근에는 우리나라를 비롯하여 공유숙박의 개념이 없던 나라들에도 새로운 주거문화로 자리 잡고 있다. 주거지를 공유하면 저렴한 비용으로 생활이 가능하다는 경제적 장점도 있지만, 같이 살면서 외로움을 줄일 수 있고, 인생을 고민할 수 있는 친구가 생긴다는 점에서도 만족도가 높은 편이다.

자신이 살고 있는 집이 비는 기간 동안 그 집을 여행자에게 빌려

주거나, 자신이 쓰지 않는 방을 여행자에게 빌려주는 공유숙박업 에어비앤비도 유행이다. 여행지에서 현지인의 생활을 체험해 볼 수 있다는 장점과 비교적 저렴한 숙박비 때문에 여행을 좋아하는 사람들 중에 에어비앤비를 이용해 보지 않은 사람이 없을 정도로 전세계적으로 유행이다. 공유숙박은 저렴한 가격으로 현지인의 생활을 체험하고, 빈 공간을 활용하여 수익을 창출함으로써 서로에게 효율적이고 유의미하게 공간을 활용한 사례이다.

2. 공유오피스

창업을 시작하는 사람들에게는 사무실이라는 공간이 필요하다. 하지만 사무실을 임대하는 순간부터 월세, 관리비, 팩스, 사무기기, 전화 등 비싼 유지비가 발생한다. 이제 막 돈을 벌겠다고 창업을 시작했는데, 수익보다 지출이 많아지는 셈이다. 창업자들에게 이런 환경은 부담이 되기 마련이다. 이 문제를 해결해 주는 것이 공유오피스이다. 카페 같은 공간에서 마음껏 일을 하고, 사무실과 회의실을 함께 공유함으로써 월세와 관리비를 획기적으로 줄일 수 있다. 또한 공유오피스에는 여러 사업가가 모이기 때문에 서로의 사업을 소개하고, 정보를 얻는 등 시너지를 낼 수도 있다. 공유오피스는 공간을 함께 씀으로써 비용 절감뿐만 아니라 정보 교류가 가능하다는 이점 때문에 스타트업 기업뿐만 아니라 다양한 창업가들이 입주를 원하고, 또 실제로 입주가 늘고 있다고 한다.

3. 공유자동차

요즘에는 어디에서나 공유자동차를 흔히 볼 수 있다. 예전에는 내가 필요한 시간과 관계없이 하루 단위로 차량을 빌려야만 했지만, 요즘에는 공공장소나 주차장에 가면 시간 단위로 빌려 쓸 수 있는 공유자동차를 쉽게 만날 수 있다. 본인이 필요한 시간만큼만 사용하고 요금을 내는 시스템이기 때문에 비용이 절감되고, 시간별로 사용하기 때문에 여러 사람이 한 자동차를 함께 사용할 수 있어 효율이 좋다. 자동차 한 대를 여러 사람이 함께 사용하기 때문에 전체 차량의 숫자도 줄어 시내의 교통상황도 좋아지고, 매연으로부터 쾌적한 환경을 만드는 데에도 도움이 된다.

외국에서는 자신의 차량이 쉬는 시간 동안 택시처럼 영업을 하는 우버택시를 흔히 볼 수 있다. 운행하지 않는 차량을 이용하여 누군가를 데려다 주고, 승객은 가까이 있는 차량으로 편리하게 목적지까지 갈 수가 있어 서로에게 이득이다. 우리나라에서는 안전과 세금의 문제로 우버가 합법화되지 않았지만, 우버의 개념을 가진 다른 서비스들이 점차 도입되고 있다.

차량으로 출퇴근하는 사람들 중에 혼자서 이용하는 사람이 많다. 그런데 목적지가 같은 타인과 함께 움직이는 카풀을 활용하면 교통 개선에 도움이 되고, 대기 배출가스가 줄어 환경에도 도움이 된다. 최근에는 카풀을 하고 싶어 하는 사람과 필요로 하는 사람을 연결해주는 어플리케이션이 생겨 카풀서비스가 활발해지고 있다.

이렇듯 공유경제는 우리의 생활 전반으로 들어오고 있다. 편리함뿐만 아니라 비용의 절감 그리고 자신이 쓰지 않는 것을 공유함으로써 불필요한 물건을 줄이고, 환경 개선뿐만 아니라 사회문화까지 바꾸고 있는 추세이다.

아이들과도 공유경제를 알아보고, 우리 학급에서 활용할 수 있는 방안을 찾아보면 좋다. 집에서 보지 않는 책을 가져와 1년간 학급문고에 넣어 두고, 반 아이들과 함께 나눠 읽은 뒤 학년말에 다시 가져가도록 하는 것도 공유경제에 속한다.

아이들이 서로 가진 재주나 제품서비스를 제공하면 쿠폰을 받고, 받은 쿠폰으로 다른 친구들의 재주나 서비스를 받을 수 있는 학교 시스템을 만들면 그것 또한 공유경제가 될 수 있다. 공유경제의 의미만 제대로 이해한다면 학교에서도 다양한 방향으로 활용할 수 있다.

'사회적 기업 알기' 수업하기

사회적 기업이란 수익과 공익 사이에 있는 기업으로 비즈니스와 사회적 목적을 함께 실현하는 회사라고 볼 수 있다. 일반적인 기업은 최대 수익창출을 목적으로 두기 때문에 사회적 가치에 반하는 사업을 하기도 하고, 기부를 꺼리기도 한다.

사회적 기업의 예로 '탐스(TOMS)'라는 브랜드가 있다. 고객이 신발 한 켤레를 사면 회사에서 한 켤레를 기부하는 원 플러스 원 시스템으로 세계적인 브랜드로 성장했다. 내가 신발을 사면 어려운 누군가에게 신발을 하나 기부할 수 있기에 이 기업은 사회적 기업으로 볼 수 있다.

오스트리아에는 소셜슈퍼마켓이 있는데 빈곤층에게는 식료품, 생활용품을 70% 할인된 가격으로 판매하는 사회적 기업이다. 일반인은 할인을 받을 수가 없음에도 이런 좋은 의미에 동참하는 고객들이 늘어나서 유럽에만 매장이 1,000개가 넘는 기업으로 성장했다.

수익을 어느 정도 포기하고 사회적 의미를 담는다고 해서 수익이 떨어지는 것이 아니다. 좋은 의미에 동참하는 사람들이 늘어나면 그 또한 기업의 브랜드가 되고, 재산이 된다. 부자가 된 사업가 중에는 돈을 벌기 위해서 일한 것이 아니라 누군가에게 도움이 되는 일을 하려고 시작했다가 성공하면서 자연스럽게 부를 이룬 경우가 많다. 사회적 기업도 영리를 추구하지는 않지만 길게 보면 사회적 목적과 수익 모두를 줄 수 있을 것으로 보인다.

현재 사회적 기업은 급증하는 추세로 2007년 55개에서 10년 만에 1,700개가 넘었다. 이 중 유형별로는 일자리 제공형이 1,200개가 넘고, 형태별로는 회사 형태가 1,000개가 넘고, 회사 형태 중에서도 조합 형태가 많았다. 종업원 수는 2,500명에서 3만 8,000명으로 늘어났다. 3만 8,000명 중 취약계층 근로자는 2만 3,000명으로 취약계층의 고용효과가 높게 나타났다.

사회적 기업의 매출은 2016년 기준 2조 5천억 원으로 경제에 한 축을 담당할 수 있는 수준까지 성장했다. 사회적 기업을 육성해 주는 곳도 늘어나서 아이디어 경진대회를 통해 아이디어가 당선되면 육성지원을 받을 수 있고, 예비 사회적 기업 단계를 거쳐 사회적 기업으로 완성된다.

이렇듯 학교의 창업교육과 사회적 기업과의 만남을 연계한다면 학생들에게 매력적인 창업교육과 경제교육, 진로교육을 할 수 있다. 수익성 일변도였던 생각이 다양해지고, 경제적인 시각에서 사회적인 시각으로 경제를 바라보는 시각이 확대될 수 있는 기회가 될 것이다. 사회적 경제를 배운 아이들이 성인이 되고, 새로운 시도를 할 수 있는 창조적인 인재가 되어준다면 성장의 정체를 앓고 있는 우리 경제에 새로운 돌파구가 될 수 있을 것이다.

사회적 기업(사회적가치 + 경제적가치)	
사회적 가치	경제적 가치
• 사회적으로 가치 있는 일 • 저소득층을 위한 공헌 • 사회적 약자를 위한 공헌 • 지역사회 공헌	• 이윤추구 • 생산과 판매 • 일자리 창출 • 고객만족

사회적 기업의 유형

1. 일자리 제공형

취약계층의 일자리 제공이 주 목적인 기업. 장애인, 노숙자, 저소득층, 노인의 일자리를 제공하여 이들이 자립할 수 있는 기반을 마련하는 것이 목적이다.

2. 지역사회 공헌형

지역사회의 공헌이 주된 목적으로 지역의 수입원 마련, 농어촌 청년 일자리 창출, 농어촌 판로 개척 등 지역사회의 이익증가를 위해 운영하는 기업이다.

3. 사회서비스 제공형

사회적 취약계층을 위한 일을 하는 기업으로 이들을 위한 서비스 또는 상품을 제공하는 기업. 국가의 영향력이 미치지 못하는 부분에 사회적 기업이 참여하거나 도움을 주고 있다.

4. 혼합형

취약계층을 위한 서비스와 일자리 제공을 모두 겸한 형태로 사회적 기업 중에는 이런 복합적인 형태를 띄는 경우가 많다.

5. 기타형

위의 형태는 아니지만 사회적 가치를 지닌 기업으로 사회문제, 환경문제를 해결하는데 노력하고 있다.

'마을기업 알기' 수업하기

마을기업이란 마을 주민이 나서서 지역의 수익사업을 통해 지역의 소득과 일자리를 만들고, 마을공동체를 활성화하려는 목적으로 만들어졌다. 지역을 기반으로 구성되고 지역의 특성을 살려 사업을 영위한다는 점이 특징이다.

지역문제를 해결하고, 마을기업뿐만 아니라 지역 공동체의 이익을 같이 추구하며, 지역자원을 보존하고 활용한다는 점에서 마을기업의 역할이 중요하다는 것을 알 수 있다. 그러면서도 시장경쟁력이 있어야 하고, 지속 가능한 사업을 해야 한다.

마을기업을 만들려면 5인 이상의 출자자가 있어야 하고, 기업성, 공동체성, 공공성, 지역성을 띠고 있어야 한다. 이를 모두 충족하면 사업비를 지원받을 수가 있다.

마을기업의 종류

1. 지역자원 활용 사업

지역 특산물 판매, 관광자원 활성화, 체험프로그램 운영 등 지역의 특징과 자원을 활용하여 수익을 내는 마을기업이다.

2. 전통시장 활성화 사업

전통시장 수익 증대를 위해 홍보, 리모델링, 재배치, 편의시설 설치, 홍보 등을 한다. 지역 상권을 지키고, 일자리를 유지할 수 있다.

3. 공공부분 위탁 사업

지역의 공익사업을 위탁받아 운영하여 수익을 내는 기업으로 축제 및 프로그램 운영, 지역 자원 보수 및 관리 등을 한다.

4. 자원 재활용 사업
재활용품 및 퇴비 등 재사용 가능한 자원을 수집한 뒤, 가공 또는
유통하여 수익을 낸다.

5. 환경 사업
친환경과 관련된 사업을 통해 수익을 낸다. 자전거 대여, 친환경
에너지 발전 등 환경보호와 수익실현 모두를 목적으로 하고 있다.

학교협동조합을 만들어 볼까?

협동조합이란 공동의 필요나 목적을 가진 사람들이 스스로 모여
서 조직된 사업체를 말한다. 협동조합의 구성원을 조합원이라고 하
는데 판매자이면서 소비자라는 특징이 있다. 일반적으로 물건을 판
매하는 판매자와 물건을 구입하는 소비자로 나뉘게 되는데 협동조
합은 출자금을 낸 조합원이 물건을 사고, 또 물건을 팔기 때문에 판
매자와 소비자가 같이 수익을 나누는 개념이 된다.

협동조합을 이용하려면 조합원으로 가입을 하는데 이때 내는 돈
을 출자금이라고 하고, 출자금이 모여 조합의 자본이 된다. 이 자본
으로 사업을 유지하고, 수익을 내고, 조합원들에게 수익을 돌려 주

는 것이 협동조합이다.

학교협동조합은 학교 교육과 복지를 위해 교직원, 학생, 학부모, 지역주민이 조합원으로 구성된 협동조합을 말한다. 학교를 위한 일을 사업 목적으로 하면서도 수익을 내고, 그 수익을 학교를 위해 쓴다는 점에서 다른 협동조합과는 다른 특징을 가진다. 말레이시아는 2천 개가 넘는 학교협동조합이 있고, 영국은 8백 개가 넘는 상황이다.

학교협동조합의 종류는 다양하지는 않다. 현재로서는 대부분이 매점이고, 교복은행, 방과 후 학교 운영 등이 있다. 일반 사업자가 아니라 학교구성원이 주체가 되어서 운영하기에 학생의 의견이 사업에 적극 반영된다는 점이 가장 큰 장점이다. 그리고 학생들이 운영에 참여하고, 수익을 나눈다는 점에서 교육적으로도 활용할 만한 가치가 높다.

'나눔 장터'가 시작의 단추가 되다

학교협동조합을 생각하게 된 계기는 '나눔 장터'를 진행하면서였다. 학생들이 교육과정 속에서 만들어진 물건과 재주를 나눔 장터에 팔아 수익금을 내고, 그 수익금을 지역에 기부를 하였다. 또 하나의 나눔 장터로 농산물 장터를 운영한 적이 있다. 지역에서 재배한 농산물을 기르는 일에 학생들이 참여하고, 이를 사와서 도시 주민들에게 직거래로 판매하는 지역 농산물 판매에 공헌을 하였다. 그리고 생산된 상품과 서비스를 저렴하게 물건을 제공하고, 동네 축제를 학교가 중심이 되어 운영하였고, 장터의 수익을 다시 지역의 어려운 이웃들에게 기부하였다.

살아있는 수업을 만들었고, 지역의 발전과 경제적 이익에 기여하였다. 그리고 이 수업이 다시 어려운 이웃들에게 작은 보탬이 되었다. 네 번에 걸쳐 진행한 나눔 장터와 학부모 장터의 수익이 약 1천만원이고, 수익을 모두 지역에 기부하였다. 한 학교가 천만 원의 수익을 냈는데 전국에는 약 6천 개의 초등학교와 3천2백 개의 중학교, 2천3백 개의 고등학교가 있다. 아주 단순하게 계산해서 만 개의 학교가 천만 원씩 수익을 낸다면 지역을 위해 1천억 원이라는 큰 금액을 기부할 수 있는 것이다. 학교의 수업이 우리 사회에 큰 역할을 할 수도 있다는 생각이 들면서 이 일을 보급해야겠다는 생각이 들었다.

아침밥을 먹이자, '푸드코트' 프로젝트 수업

아침밥을 굶는 아이들이 있어서 시골학교에 있을 때, 아침밥 동아리를 한 적이 있었다. 매일 다양한 아침밥을 준비하여 아이들이 배고픔 없이 수업에 집중할 수 있게 해 주자는 취지였는데 참 좋았다고 생각했다.

도시의 학교도 마찬가지다. 늦잠을 자서, 부모님이 일찍 출근해서, 집이 멀어서, 귀찮아서 등 다양한 이유로 아침밥을 굶는 아이들이 많다. 아침밥을 든든히 먹어야 학력신장에도 도움이 된다고 하기에 아침밥 주는 매점이 있으면 좋겠다고 생각을 할 때가 많았다. 이때까지만 해도 학교협동조합을 해 볼 엄두가 나지 않았다.

그러다가 한국개발연구원(KDI)와 초등 경제교재 개발에 참여할 기회가 생겼는데 주제가 마침 '푸드코트를 부탁해'였다. 이 기회를 빌어서 아침밥 매점으로 가는 첫 단계를 만들어 보자는 생각이 들었다. 교과와 차시를 연결하여 12차시의 수업이 되었다. 푸드코트 운영 단계에서 아이들이 만든 아침밥이 학교의 아이들에게 든든한 한 끼가 되는 모습을 볼 수가 있었다. 수업으로 다른 친구들에게 든든한 한 끼를 제공하는 모습이 많은 가능성을 떠올리게 했다.

학교협동조합으로 가기 위한 장벽

하지만 학교협동조합은 단어에서 오는 거부감, 인식의 부족, 까다로운 절차, 수익성 부족 등 여러 어려움을 겪고 있다. 모두가 합심해야 설립과 운영이 가능하기 때문에 일부의 노력으로 이루어지기가 어렵다. 설득과 이해, 화합이 이루어져야 하고, 수용할 수 있는 분위기와 공감대가 형성되어야 한다.

그러나 이러한 조건을 갖춘 학교가 많지는 않을 것이다. 특히, 다른 것보다 까다로운 법적 절차 때문에 이를 추진하고 싶어 하는 교사에게도 두려움을 주고, 관리자에게는 거부감을 주었다. 좀 더 완화된 직전의 단계가 필요하다고 생각했다. 예비 학교협동조합의 단계를 거쳐 공감대가 형성된 다음 학교협동조합 설립을 추진하면 문제점도 보완하고, 운영 미숙함도 보완할 수 있지 않을까 생각한다.

동아리가 먼저 나서다

아침밥 매점을 운영하기 위해 지도하고 있던 동아리 학생들이 발

벗고 나서 주었다. 이 지역 고등학교에 매점이 없는 이유는 수익성
이 나지 않아서다. 그래서 학생들은 매점이 없어 배고픔을 느끼는
경우가 많고, 있다고 하더라도 자판기에 의존하는 경우가 많다. 자
판기의 음식은 대부분 과자류로 설탕이 많이 들어 있어 건강에 좋지
않다.

  3개 학교 창업동아리 학생들이 나의 아침밥 매점 운영에 공감을
했다. 그리고 각자 학교에서 아침밥 매점 운영을 목표로 사업계획서
를 만들고, 이 사업계획서를 토대로 학교 학생들과 선생님, 관리자
를 설득하고 있다.

그림 5-1. 사회적 경제 동아리 활동

또한 아침밥 매점의 필요성을 공감하고, 지지해 줄 친구들을 확대하기 위해 몇 번의 시식회를 열 계획을 세우고 있다. 만족도 조사와 수요조사를 통해 학생들의 지지와 메뉴 개발을 하고, 이렇게 얻어진 공감대는 추후에 학교협동조합으로 연계할 계획이다. 당장 협동조합으로 이어지지 않더라도 창업동아리 학생들이 자발적으로 매주 월요일마다 아침밥 매점을 운영하고, 수익금을 다시 학교를 위해 쓸 계획이다.

〈껍데기는 가라〉는 시 문구가 생각난다. 학생이 주체가 되서 학생들을 위해 일을 하고, 수익을 내서 다시 학교를 위해 쓴다면 그 자체가 학교협동조합이고, 그 자체로도 의미가 있는 일이라고 생각한다. 이 일이 교직원, 학생, 학부모, 지역주민의 공감대로 이어진다면 이 문화가 들불처럼 번져 나갈 것으로 예상된다.

사회적 경제 프로젝트 수업

프로젝트 착수

사회적 경제 창업반을 희망하는 학생들에게 프로젝트 과제를 제시하였다.

조건1. 5월 5일, A대학교에서 장사를 해서 수익을 낼 것.

조건2. 사회적 가치를 담아 장사할 것.

장사를 해 본 적이 없는 고등학생들에게 장사를 해 보라는 부담스러운 프로젝트에 학생들은 당황한 기색이 역력했다. 거기다가 사회적 가치를 담아 보라니 벙찐 표정의 학생들도 있었다. 당황하지 않은 것은 나뿐이었다. 이미 네 번의 나눔 장터와 세 번의 푸드코트 운영을 통해 성공할 수 있다는 확신을 가진 교사와 단 한 번도 해 본 적 없는 고등학생들의 첫 만남은 그렇게 시작되었다.

지방의 교대와 일부 대학은 지역주민을 위해 어린이날 행사를 진행한다. 이 행사에는 정말 많은 어린이들이 오기 때문에 성공이 보장될 수밖에 없다. 그래서 부스 가격이 좀 비싸지만 사회적 경제 활성화를 바라는 교육청의 지원 덕분에 프로젝트를 제대로 시작해 볼 수 있었다.

프로젝트 해결 및 학습

장사를 하려면 고객이 누구인지부터 알아야 한다. 어린이날 축제의 경우 주 고객은 당연히 어린이지만 어린이만 고객은 아니다. 대부분의 판매부스가 어린이 고객에 초점을 맞추고 있기 때문에 어린이의 부모님을 놓치는 경우가 많다. 어른을 위한 판매도 하나의 블루오션이 될 수 있다.

5월 5일은 낮에 꽤 덥다. 그리고 보통 행사장은 그늘이 없다. 배고픔보다는 갈증을 먼저 느낀다. 아이들은 뛰어 다니기 때문에 갈증을 자주 느낄 것이다. 이에 반해 배고픔은 한 번 정도밖에 오지 않는다. 음료 매출이 음식 매출보다 월등히 높을 수밖에 없다.

그림 5-2. 사회적 경제 프로젝트 수업 장면

이 날은 어린이의 날이기 때문에 부모가 아이들의 의견을 적극 수용해 준다. 평소에는 과자를 사달라고 하면 고민을 할 수도 있지만 이 날만큼은 아이들의 선택을 존중해 준다. 신기하고, 독특한 음료는 더더욱 잘 팔릴 수밖에 없다.

한창 뛰어다니면 갈증이 나서 음료를 찾게 되지만 음료를 먹고 나면 바로 이어서 배고픔을 느끼게 된다. 이때, 음료와 먹거리를 같이 팔면 매출을 증가시킬 수 있다.

　이런 것이 수요조사다. 주요고객, 날씨, 기온, 특수한 상황 등을 고려해서 매출을 최대한 끌어올릴 수 있어야 한다. 그래서 수요조사를 충분히 한 후에 판매 상품을 정했다. 대부분이 음료와 먹거리를 판매했지만 어린이날이므로 오락적인 요소를 상품으로 판매하는 팀도 있었다.

　정해진 메뉴에 따라 필요한 재료를 적어보았다. 그리고 비용을 조사하고 예상 매출을 알아보았다. 매출에서 비용을 빼면 순이익이 나온다. 대부분의 팀들의 순이익이 형편없었다. 그래서 두 가지 전략을 수정해 보라고 제안했다. 매출을 증가할 수 있는 방법과 비용을 줄일 수 있는 방법이다. 학생들은 비용절감을 위한 구입 방법과 대여 방법을 알아보았다. 몇 번의 수정을 거쳐 계산을 해 보니 순이익이 흑자로 예상되었다.

　필요한 재료를 구입하기 위해 출자금을 걷었다. 학생들이 각자 출자금을 걷어 조합을 세우고, 재료를 구입할 사업 밑천을 마련했다. 물품을 판 뒤, 이 출자금은 다시 학생들에게 돌려준다. 출자금 외에 발생한 순이익(이익잉여금)에 대해서만 사회적 목적으로 활용할 예정이다. 교사가 재료비를 빌려줄 수도 있지만 이럴 경우 비용절감의 노력이 덜 할 수밖에 없다. 자신의 돈을 투입할 때와 하지 않았을 때 사업의 적극성에 큰 차이가 있기 때문이다.

이론적인 토대가 마련되었으면 이제는 실전이다. 홍보를 위해 인터넷과 SNS, 그리고 홍보판을 만든다. 다양한 시각디자인 전략이 도입되고, 문구가 활용된다. 마케팅을 위한 특별한 서비스 전략들이 들어간다. 익히 들어보았던 1+1, 시식, 무료 찬스 등 다양한 전략이 도입되었다.

그리고 각자 역할이 정해진다. 누가 계산을 할지, 서빙을 할지, 제조를 할지 역할을 정하고, 리허설을 해 본다. 그리고 발생한 문제들에 대해서 수정 작업을 거친다.

물품을 파는 당일이 되면 정신이 없다. 준비했던 것과 상황이 다르고, 역할이 엉키기도 하고, 재료가 부족하기도 하면서 허둥지둥댄다. 그래도 장사는 꽤 잘 되었고, 태어나서 처음으로 돈을 벌어본 학생들은 지쳐 보였지만 표정만은 밝았다.

발표 및 평가

학생들이 번 매출에서 출자금은 다시 반환해 주었다. 그리고 남은 수익금을 가지고 팀별로 어떻게 사회적인 가치를 담아 사용할지 정할 수 있도록 했다. 어린이를 대상으로 얻은 수익금이므로 어린이를 위해 쓰자는 의견이 가장 많았다. 근처의 보육원에 기부를 하자는 의견으로 모아졌다.

기부를 하는 방식은 여러 가지가 있었다. 돈으로 기부하는 방법, 물품을 전달하는 방법, 음식을 만들어 주는 방법 등 다양한 의견이 나왔다. 일부는 돈으로, 일부는 물품으로 전달하자는 의견이 나왔다.

그래서 전달식을 통해 자신들이 번 돈이 좋은 일에 쓰이는 것을 온 몸으로 경험하게 했다.

그리고 사업보고서 발표를 진행했다. 자신들이 사업을 하면서 느낀 점, 기대했던 것과 달라 힘들었던 점, 깨달은 점, 수익 내역 등 다양한 관점에서 발표를 시켰다. 수익을 낸 팀도 있고 손해를 본 팀도 있지만 수익을 떠나서 학생들은 사회적 경제라는 것을 머리와 가슴과 몸으로 깨달았다. 그 점에서 모든 학생들이 성공적인 수업을 했다고 볼 수 있었다.

이 수업에 참여한 학생들은 여러 학교 고등학생들이다. 이 학생들이 다시 각자 학교로 가서 사회적 경제를 전파했다. 각 학교에 사회적 경제동아리가 생기고, 창업동아리가 생기고, 경영동아리가 생기며 다양하게 파생되겠지만 공통점은 하나다. 수익만 바라볼 것이 아니라 같이의 가치를 걸어가야 한다는 것이다. 실제로 이 학생들은 각자의 학교로 돌아가서 동아리를 구성하였고, 아침밥 매점과 학교 협동조합 설립을 위해 부단히 노력하고 있다.

같이의 가치를 아는
경제교육이 되길 바라며

경제교육이 어느 한 교과에만 국한된 단원이 아니듯이 실제 사회에서 경제도 정치, 문화, 외교, 사회 등 여러 분야와 얽혀 있습니다. 그래서 경제를 잘 알고 싶다고, 경제만 공부하면 수박 겉핥기식 공부가 되어 제대로 된 경제를 알 수 없습니다. 경제를 이해했다면 세상이 어떻게 돌아가는지 그 이치를 알게 되며 이 세상을 나 혼자서 살 수 없다는 것을 느끼게 됩니다. 우리 아이들이 경제교육을 통해 모두 함께 잘 살아야 나도 잘 살 수 있다는 사실을 깨닫게 되었으면 합니다. 내가 소비를 함으로써 누군가의 일자리가 생겨나고, 경제활동을 통해 다시 소비가 늘어 새로운 일자리가 또 생길 수 있다는 생각을 하면서 같이의 가치를 이해하는 어른으로 자랐으면 하는 바람으로 경제교육을 하고 있습니다.

작은 바람이 큰 물결을 만들 듯, 한 교사의 작은 희망이 많은 교사와 학교에 퍼지길 희망하며 이 책을 집필하게 되었습니다. 한편으로는 경제교육이라는 새로운 화두를 꺼내 동료 교사들에게 짐을 지우게 된 것 같아 미안한 마음과 그럼에도 함께해 주심에 고마운 마음을 같이 느낍니다. 경제교육이라는 새로운 길을 초·중·고등학교 교사들이 좀 더 쉽게 이해하고 시도해 볼 수 있도록 실제로 학교 안팎에서 수업을 해 보고, 실패했던 사례와 경험담, 느낀 점과 보완 점을 정리하여 이 책에 담았습니다.

교실 속 경제교육을 위해 늘 함께 고민하고 연구하는 연구회 동료 선생님들과 경제 선생님들, KDI 경제교육팀 연구원들, 뒤에서 묵묵히 도와준 세종시교육청 관계자들께 그때도, 지금도, 앞으로도 잊지 않고 감사하다는 말을 전하고 싶습니다.

경제교육은 어렵지 않습니다. 많은 교사들이 다양한 수업기법을 고민하고 시도한 사례를 여러 통로를 통해 공유하고 있습니다. 경제교육에 관심을 갖고 시도해 보고자 이 책을 펼친 독자 여러분께서도 공유 받은 자료를 기반으로 더 나은 수업을 계획하고, 실제 경제교육을 하며 느낀 점과 보완 점을 다음 사람에게 또 공유해 주었으면 하고 바랍니다. 같이의 가치를 아는 학생들이 많아질수록 우리 사회는 더 건강해질 것입니다.

대한민국 선생님, 모두 힘내시길 바랍니다!

교실 속 작은 사회
경제교육
프로젝트

초판 1쇄 발행 2019년 6월 12일

지 은 이 전인구

펴 낸 이 이형세

기획편집 조은지

책임편집 윤정기

디 자 인 권빛나

제   작 제이오엘앤피

펴 낸 곳 테크빌교육㈜

주   소 서울시 강남구 언주로 551, 프라자빌딩 5층, 8층

전   화 02-3422-7783(333)

팩   스 02-3442-7793

ISBN 979-11-6346-022-0 (03370)